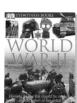

Guías Visuales
PIRATAS

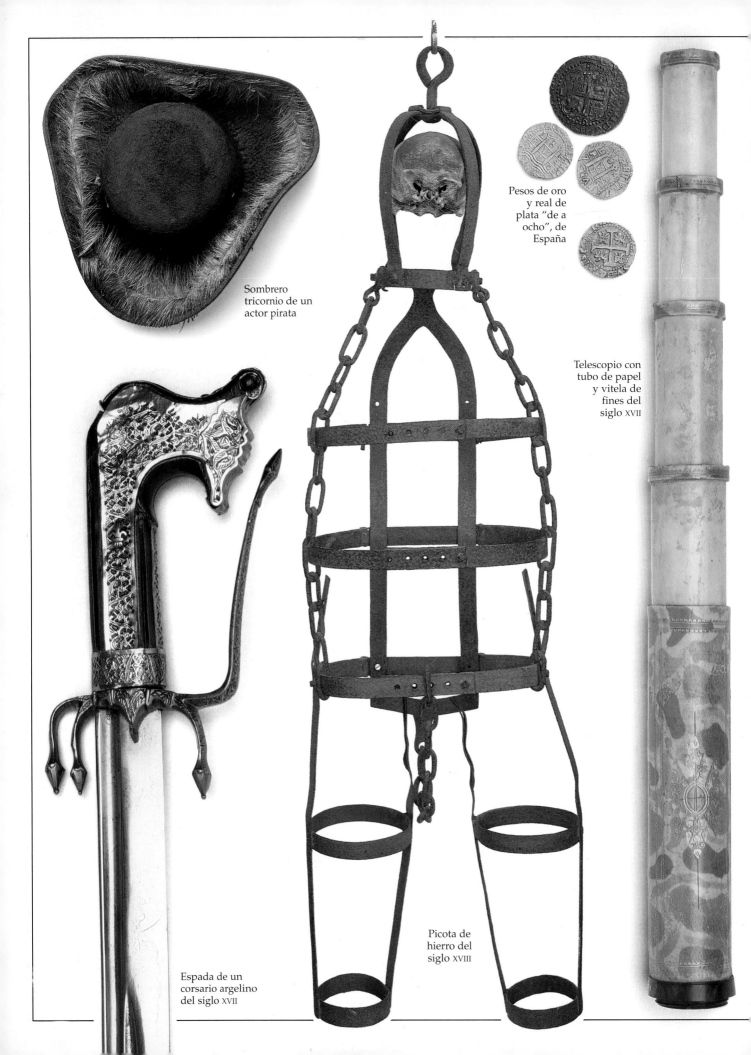

Sombrero
tricornio de un
actor pirata

Pesos de oro
y real de
plata "de a
ocho", de
España

Telescopio con
tubo de papel
y vitela de
fines del
siglo XVII

Picota de
hierro del
siglo XVIII

Espada de un
corsario argelino
del siglo XVII

Anillo con
calavera, un
motivo pirata

Guías Visuales
PIRATAS

Botín pirata:
anillos de oro

Escrito por
RICHARD PLATT

Fotografía de
TINA CHAMBERS

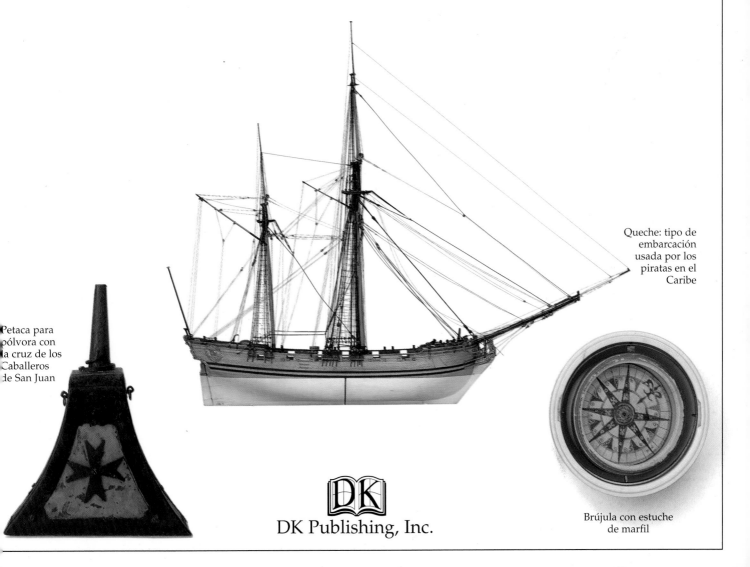

Queche: tipo de
embarcación
usada por los
piratas en el
Caribe

Petaca para
pólvora con
la cruz de los
Caballeros
de San Juan

Brújula con estuche
de marfil

DK Publishing, Inc.

Pistolas de llave
de chispa

Capa de un
caballero pirata
del siglo XVII

DK

LONDRES, NUEVA YORK, MÚNICH, MELBOURNE, Y DELHI

Título original de la obra: *Pirate*
Copyright © 1995, © 2002, © 2004 Dorling Kindersley Limited

Editora del proyecto Bridget Hopkinson
Directora de arte Ann Cannings
Jefe de la edición Simon Adams
Directora principal de arte Julia Harris
Investigación Céline Carez
Producción Catherine Semark
Investigación iconográfica Giselle Harvey
Asesor David Cordingly

Editora en EE. UU. Elizabeth Hester
Directora de arte Michelle Baxter
Diseño DTP Milos Orlovic, Jessica Lasher
Producción Ivor Parker
Asesor Producciones Smith Muñiz

Edición en español preparada por Alquimia Ediciones, S. A. de C. V
Río Balsas 127, 1.º piso, Col. Cuauhtémoc
C.P. 06500 México, D.F.

Primera edición estadounidense, 2005
05 06 07 08 09 10 9 8 7 6 5 4 3 2 1

Publicado en Estados Unidos por DK Publishing, Inc.
375 Hudson Street, New York, New York 10014

Copyright © 2005 DK Publishing, Inc.

Publicado en Gran Bretaña por Dorling Kindersley Limited.

A catalog record for this book is available
from the Library of Congress.

ISBN 0-7566-1483-X (Hardcover)
0-7566-1489-9 (Library Binding)

Reproducción a color por Colourscan, Singapur
Impreso y encuadernado por Toppan Printing Co. (Shenzhen) Ltd.

Descubre más en
www.dk.com

Compendio
astronómico de
un navegante

Parte de un
tesoro pirata

Alfanje de
bucanero de
siglo XVII

Contenido

Cofre de tesoros francés del siglo XVII

Ladrones de los mares

¿QUIÉNES ERAN LOS PIRATAS? ¿Personajes que atacaban barcos llenos de tesoros y volvían a casa cargados de oro? ¿Ladrones de mar que no mostraban misericordia? ¿Aventureros intrépidos que financiaban sus viajes mediante los asaltos en alta mar? De hecho, fueron todo eso y más. El término "pirata" significa "el que saquea en el mar", pero dentro de este estilo de vida había varias categorías: "corsarios": navegantes con permiso del gobierno para saquear los barcos enemigos; "bucaneros": piratas del siglo XVII que asediaban a los españoles en el Caribe; "berberiscos": corsarios y piratas que rondaban el Mediterráneo. En palabras de Bartholomew Roberts (pág. 39), a todos les atraía la promesa de "abundancia…, placer…, libertad y poder".

HÉROE BRAVUCÓN
Pocos piratas reales reflejaron la tradicional imagen bravucona. El intrépido pirata galés Howell Davis usó audaces artimañas para capturar barcos en la costa de Guinea, África, en 1719.

BLANCO TENTADO[R]
Los "East Indiamen[,]" barcos comerciale[s] grandes que navegaba[n] entre Europa y Asia[,] eran de los blanco[s] más tentadores par[a] los piratas. Antes d[e] ellos, la captura d[e] un galeón españo[l] cargado de tesoro[s] de América era e[l] sueño dorado d[e] todo pirat[a].

PROMESA DE RIQUEZAS
Esta ilustración de la famosa historia de piratas de Robert Louis Stevenson, *La isla del Tesoro* (pág. 60), muestra a los héroes con sacos llenos de tesoros piratas. Aunque muchos mitos rodean a la piratería, las fortunas de oro y plata capturadas por algunos piratas realmente existieron. Ellos podían volverse millonarios de la noche a la mañana, pero derrochaban el botín de igual manera.

Las ricas Compañías de las Indias Orientales decoraban la popa de sus naves con oro

PIRATAS DE LA PANTALLA GRANDE
Las películas de piratas de Hollywood con frecuencia mezclan la realidad con la ficción. En *El pirata Barbanegra*, él es perseguido por Henry Morgan, quien luce bien para un hombre que en realidad ¡había muerto hacía 30 años!

El cañón se equilibra sobre este pivote circular

Al empujar la cuña el cañón apunta más abajo

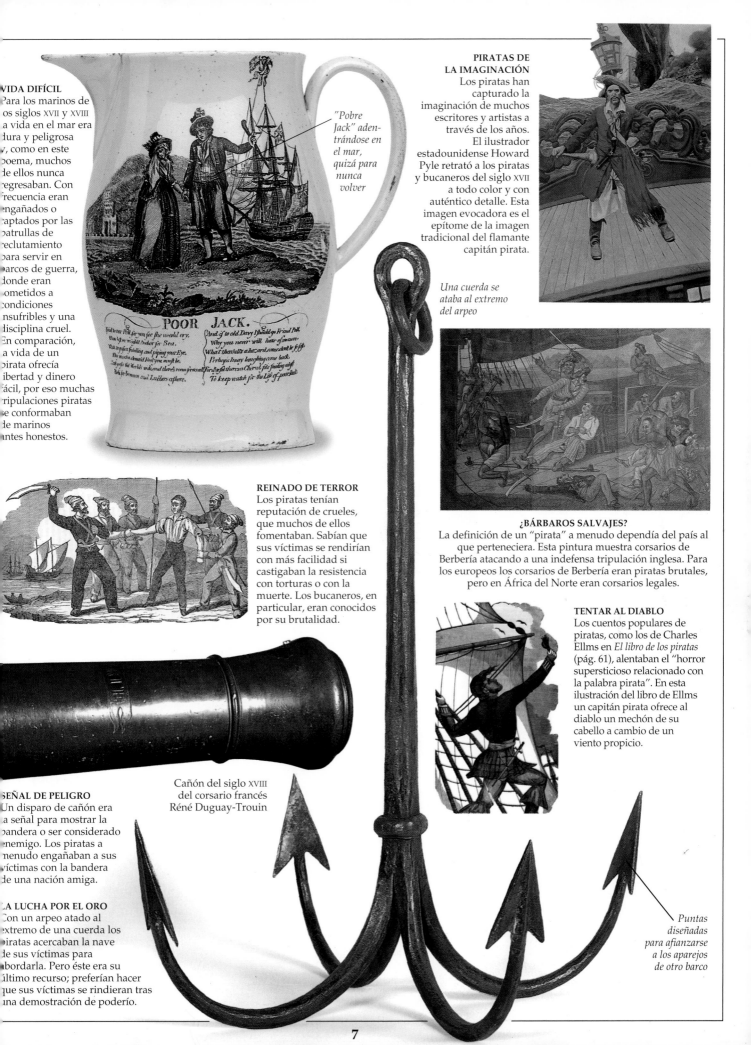

VIDA DIFÍCIL

Para los marinos de los siglos XVII y XVIII la vida en el mar era dura y peligrosa y, como en este poema, muchos de ellos nunca regresaban. Con frecuencia eran engañados o captados por las patrullas de reclutamiento para servir en barcos de guerra, donde eran sometidos a condiciones insufribles y una disciplina cruel. En comparación, la vida de un pirata ofrecía libertad y dinero fácil, por eso muchas tripulaciones piratas se conformaban de marinos antes honestos.

"Pobre Jack" adentrándose en el mar, quizá para nunca volver

POOR JACK.

PIRATAS DE LA IMAGINACIÓN

Los piratas han capturado la imaginación de muchos escritores y artistas a través de los años. El ilustrador estadounidense Howard Pyle retrató a los piratas y bucaneros del siglo XVII a todo color y con auténtico detalle. Esta imagen evocadora es el epítome de la imagen tradicional del flamante capitán pirata.

Una cuerda se ataba al extremo del arpeo

¿BÁRBAROS SALVAJES?

La definición de un "pirata" a menudo dependía del país al que perteneciera. Esta pintura muestra corsarios de Berbería atacando a una indefensa tripulación inglesa. Para los europeos los corsarios de Berbería eran piratas brutales, pero en África del Norte eran corsarios legales.

REINADO DE TERROR

Los piratas tenían reputación de crueles, que muchos de ellos fomentaban. Sabían que sus víctimas se rendirían con más facilidad si castigaban la resistencia con torturas o con la muerte. Los bucaneros, en particular, eran conocidos por su brutalidad.

TENTAR AL DIABLO

Los cuentos populares de piratas, como los de Charles Ellms en *El libro de los piratas* (pág. 61), alentaban el "horror supersticioso relacionado con la palabra pirata". En esta ilustración del libro de Ellms un capitán pirata ofrece al diablo un mechón de su cabello a cambio de un viento propicio.

Cañón del siglo XVIII del corsario francés Réné Duguay-Trouin

SEÑAL DE PELIGRO

Un disparo de cañón era la señal para mostrar la bandera o ser considerado enemigo. Los piratas a menudo engañaban a sus víctimas con la bandera de una nación amiga.

LA LUCHA POR EL ORO

Con un arpeo atado al extremo de una cuerda los piratas acercaban la nave de sus víctimas para abordarla. Pero éste era su último recurso; preferían hacer que sus víctimas se rindieran tras una demostración de poderío.

Puntas diseñadas para afianzarse a los aparejos de otro barco

Piratas de la antigua Grecia

ALGUNAS DE LAS MAYORES CIVILIZACIONES del mundo florecieron alrededor del Egeo y el Mediterráneo. Por desgracia, estas mismas aguas eran hogar de los "merodeadores del mar". El Egeo, en el centro del Imperio Griego, era ideal para los piratas. Se escondían entre sus incontables islas y caletas desde donde acechaban a las naves comerciales. La piratería fue relativamente fácil para estos primeros navegantes porque los buques mercantes bordeaban la costa y no atravesaban el mar abierto. Si los piratas esperaban lo suficiente en una ruta comercial transitada, el premio mayor pronto aparecía a la vuelta de una península. También atacaban poblados y secuestraban gente para pedir rescate o venderla como esclavos. Al crecer el poderío griego, construyeron armadas para tratar de controlar a los piratas.

ATAQUE PIRATA
La pintura de este jarrón griego muestra piratas antiguos en acción. Cuando fue pintado, hace unos 2,500 años, los ataques piratas eran comunes en todo el Egeo y casi no había diferencia entre piratería y guerra. Más tarde, cuando Grecia trató de imponer el orden, los piratas enmascaraban sus ataques como represalia (venganza por los ataques recibidos sin llegar a declarar la guerra)

Pesado navío mercante a toda vela

Galera pirata impulsada por remeros

El afilado espolón de la galera pirata entra en un costado de la nave mercante

Jarrón ateniense, siglo VI a. C.

GALERA ASIRIA
Los asirios, quienes habitaban lo que ahora son Iraq y Siria, probablemente atacaban a los piratas del Mediterráneo en naves como ésta. Sin embargo, nadie conoce con seguridad la apariencia de estos navíos.

LOS FENICIOS CONTRAATACAN
El comercio fenicio floreció desde las ciudades de Tiro y Sidón (hoy Líbano), en los siglos VI y VII a. C. Sus buques mercantes llevaban cargamentos valiosos como plata, estaño, cobre y ámbar a todos los rincones del Mediterráneo. No obstante, los piratas griegos representaban una seria amenaza para las embarcaciones fenicias y galeras de guerra, como la de esta moneda fenicia (d.), las cuales empleaban para defender sus intereses comerciales.

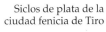
Siclos de plata de la
ciudad fenicia de Tiro

FORTUNA EN PLATA
Los barcos
fenicios que
llevaban bienes
de lujo a todo el
Mediterráneo eran
blancos obvios para los
primeros piratas. Si
tenían suerte, podían
capturar un cargamento
de plata de España, la
cual usaban para acuñar
monedas fenicias (d.).

BARCO PIRATA DE LA ANTIGUA GRECIA
Esta fotografía muestra una réplica de una galera pirata griega. Los
piratas de la antigüedad no construían barcos especiales, dependían
de lo que tenían a la mano. Usaban todo tipo de naves, pero preferían
las ligeras galeras de fondos bajos por ser más rápidas y fáciles de
maniobrar. Si los perseguían, podían pasar por encima de las rocas
cerca de la orilla, adonde los barcos grandes no podían seguirlos.

*El rostro de Senaquerib
fue desfigurado por un
antiguo vándalo*

PIRATAS EN LA MITOLOGÍA
Un mito griego cuenta de una
horda de piratas tontos que
capturaron a Dionisio, el dios
del vino, esperando pedir
rescate por él. Pero el dios
tomó la forma de un león y los
aterrados piratas se lanzaron al
mar. Como castigo, Dionisio
convirtió a los piratas en un
grupo de delfines, ilustrados en
este mosaico. La misma
historia aparece en la mitología
romana, pero el dios es Baco.

SENAQUERIB, AZOTE DE LOS PIRATAS
En 694 a.C., el rey asirio Senaquerib (rigió de 705 a 682 a. C.),
(ar.), emprendió la guerra contra los piratas del mar de
una aldea que se habían refugiado en su reino en la costa de
Elam, en el extremo norte del Golfo Pérsico. Su campaña
triunfó sobre esta amenaza de los mares.

ALEJANDRO MAGNO
Los piratas rondaban el Egeo cuando
Alejandro Magno (356-323 a. C.)
(d.) gobernaba Grecia. En 331 a.
C. ordenó que fueran expulsados
de los mares. Se dice que el gran
rey guerrero le preguntó a un
pirata capturado por qué hacían
inseguros los mares. El pirata
contestó: "La misma razón por la
que usted ha perturbado al
mundo entero. Pero como yo lo
hago en un barco pequeño soy un
pirata, y como usted lo hace con una
gran flota lo llaman emperador".

BARCO MERCANTE DEL MEDITERRÁNEO
Los navíos comerciales de la antigua Grecia no se comparaban con
las elegantes y aerodinámicas galeras de los piratas que los
asediaban. Impulsados por una vela
cuadrada, eran presa fácil de una nave
pirata impulsada por remeros.

Modelo en terracota de un
barco mercante, siglo VI a. C.

*El casco es amplio y
redondo para mayor
capacidad de carga*

Piratas en el Imperio Romano

"NAVEGA Y DESCARGA, ¡tu carga ya está vendida!" Con esta consigna el puerto egeo de Delos atraía a los barcos mercantes, y a los piratas. El bullicioso puerto formaba parte del gran Imperio Romano que floreció entre 200 a. C. y 476 d. C. En el mercado de Delos los piratas vendían esclavos raptados y cargas robadas a los romanos ricos, quienes no hacían preguntas. Sin embargo, en el siglo I a. C. los piratas ya eran una amenaza para todas las embarcaciones del Mediterráneo. Cuando la piratería amenazó las importaciones de granos a Roma, el pueblo exigió acción. En 67 a. C. una inmensa flota comandada por Pompeyo el Grande rodeó a los piratas, mientras el ejército romano arrasaba su base en Cilicia. Esta campaña resolvió los problemas inmediatos de Roma, pero los piratas aún eran una amenaza.

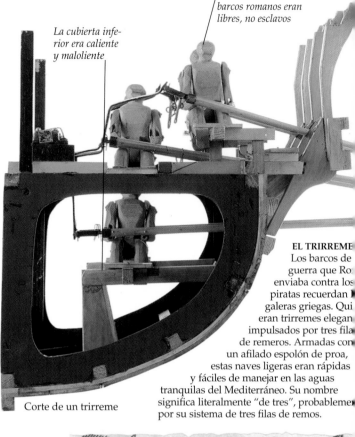

Barandilla de cubierta

Los remeros de los barcos romanos eran libres, no esclavos

La cubierta inferior era caliente y maloliente

Corte de un trirreme

EL TRIRREME
Los barcos de guerra que Roma enviaba contra los piratas recuerdan las galeras griegas. Quizás eran trirremes elegantes impulsados por tres filas de remeros. Armadas con un afilado espolón de proa, estas naves ligeras eran rápidas y fáciles de manejar en las aguas tranquilas del Mediterráneo. Su nombre significa literalmente "de tres", probablemente por su sistema de tres filas de remos.

SECUESTRADOS
Alrededor de 75 a. C. el joven Julio César (c 102-44 a. C.) fue capturado por piratas cuando viajaba a Rodas para estudiar. Los piratas lo mantuvieron cautivo en una diminuta isla griega durante más de cinco semanas hasta que su rescate fue pagado. Después de su liberación, César tomó venganza rastreando a los piratas y crucificándolos.

Denario de plata con la imagen de César

Galia

España

Iliria

África

IMPERIO ROMANO
Este mapa muestra cómo el Imperio Romano se extendía alrededor del Mediterráneo.

La carga de un barco podía contener artículos de lujo de Italia

BARCO LENTO
Las amplias y redondeadas corbetas, como ésta, conformaban la mayoría de la flota romana de granos. Los piratas del Mediterráneo capturaban con facilidad estas lentas naves cargadas cuando navegaban alrededor de la costa de Alejandría y Cartagena a Ostia, el puerto que servía a Roma.

TRIGO PRECIADO
Los piratas que atacaban un barco de granos romano con suerte encontraban una reserva de trigo emmer (ar.), una variedad de trigo cultivada en el mundo antiguo que se vendía con excelentes ganancias.

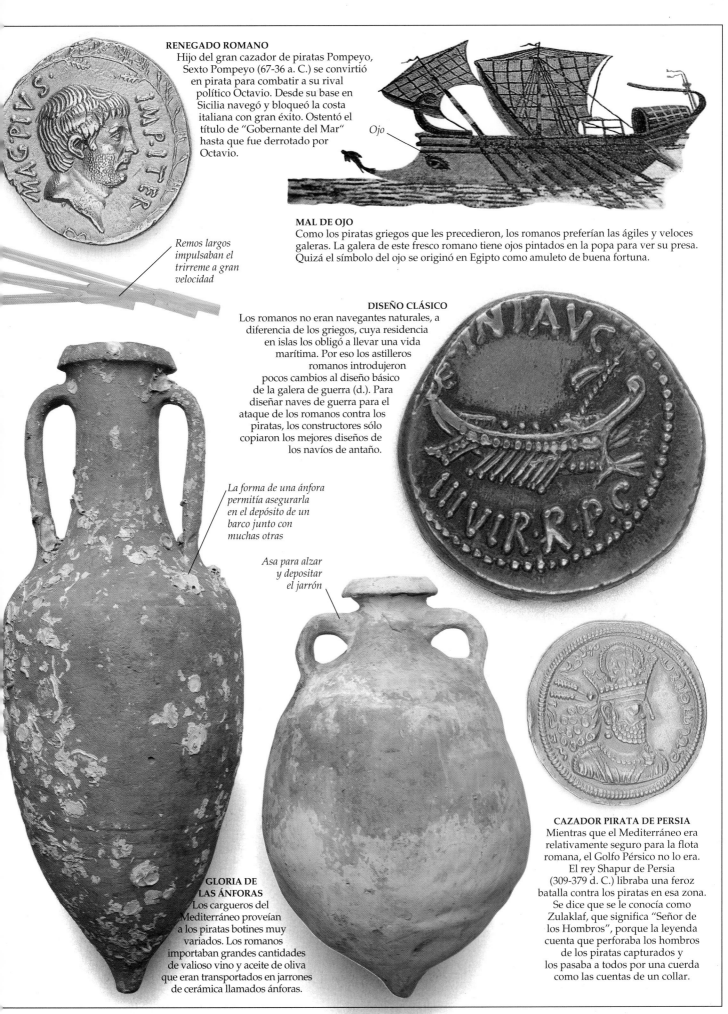

RENEGADO ROMANO

Hijo del gran cazador de piratas Pompeyo, Sexto Pompeyo (67-36 a. C.) se convirtió en pirata para combatir a su rival político Octavio. Desde su base en Sicilia navegó y bloqueó la costa italiana con gran éxito. Ostentó el título de "Gobernante del Mar" hasta que fue derrotado por Octavio.

Ojo

Remos largos impulsaban el trirreme a gran velocidad

MAL DE OJO

Como los piratas griegos que les precedieron, los romanos preferían las ágiles y veloces galeras. La galera de este fresco romano tiene ojos pintados en la popa para ver su presa. Quizá el símbolo del ojo se originó en Egipto como amuleto de buena fortuna.

DISEÑO CLÁSICO

Los romanos no eran navegantes naturales, a diferencia de los griegos, cuya residencia en islas los obligó a llevar una vida marítima. Por eso los astilleros romanos introdujeron pocos cambios al diseño básico de la galera de guerra (d.). Para diseñar naves de guerra para el ataque de los romanos contra los piratas, los constructores sólo copiaron los mejores diseños de los navíos de antaño.

La forma de una ánfora permitía asegurarla en el depósito de un barco junto con muchas otras

Asa para alzar y depositar el jarrón

GLORIA DE LAS ÁNFORAS

Los cargueros del Mediterráneo proveían a los piratas botines muy variados. Los romanos importaban grandes cantidades de valioso vino y aceite de oliva que eran transportados en jarrones de cerámica llamados ánforas.

CAZADOR PIRATA DE PERSIA

Mientras que el Mediterráneo era relativamente seguro para la flota romana, el Golfo Pérsico no lo era. El rey Shapur de Persia (309-379 d. C.) libraba una feroz batalla contra los piratas en esa zona. Se dice que se le conocía como Zulaklaf, que significa "Señor de los Hombros", porque la leyenda cuenta que perforaba los hombros de los piratas capturados y los pasaba a todos por una cuerda como las cuentas de un collar.

Puntas de flecha vikingas

HACHA DE BATALLA

El hacha era el arma favorita de los vikingos. En las manos de un guerrero templado, la gran hacha de dos filos podía derribar a un hombre de un solo golpe. Para pelear en el mar, los vikingos preferían un hacha mediana que era fácil de manejar al abordar otra embarcación.

La decoración de plata indica que esta hacha era símbolo de prestigio y poder

Navegantes del Norte

MECIÉNDOSE SOBRE LAS OLAS, la vela de un barco vikingo infundía terror en los pueblos del norte de Europa en el siglo IX. Advertía que los peligrosos piratas vikingos desembarcarían pronto en las cercanías. Estos temibles guerreros escandinavos atacaban embarcaciones y poblados tierra adentro. Desde tiempos antiguos, las tribus costeras de Escandinavia habían asaltado a los navíos mercantes que pasaban por ahí. Cuando se aventuraron mar adentro, resultó natural para ellos saquear las costas cercanas. Rondaban el Mar del Norte en busca de botín, sembrando el pánico dondequiera que desembarcaban. Los vikingos no fueron los primeros navegantes del norte, ni los últimos. Mientras existieron barcos mercantes, los piratas siempre estuvieron cerca.

LA AMENAZA SAJONA

Cinco siglos antes de que los vikingos aterrorizaran el norte de Europa, los piratas sajones del mar Báltico atormentaban las costas y las embarcaciones. Obligaron a los gobernantes romanos de Inglaterra a fortalecer sus flotas y a fortificar gran parte de la costa oriental. Las naves sajonas (ar.) tenían fondos planos y podían remar río adentro para atacar por sorpresa.

EL MONJE NEGRO

Cuentan las leyendas que el pirata del siglo XIII Eustaquio el Monje hizo un pacto con el diablo y podía hacer invisible su barco. Pero sus poderes mágicos no le ayudaron cuando incursionó en la política. Al mando de una invasión contra Inglaterra fue capturado y decapitado.

Patrones geométricos en cobre y plata

ATRAPALANZAS

Un truco vikingo que aterraba a sus oponentes era atrapar una lanza al vuelo y arrojarla de vue

Remo de timón

DE FRENTE A LOS PIRATAS

Para los guerreros vikingos, ganar significaba todo y la ferocidad de sus ataques se hizo legendaria. La apariencia salvaje de los barbados hombres escandinavos alimentaba su reputación de bárbaros. Esta fiera cabeza de vikingo fue labrada en el costado de un carretón.

ESPADA ANCHA

Los piratas vikingos atacaban con espadas anchas y filosas.

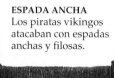

El mango de madera o hueso se ha desgastado

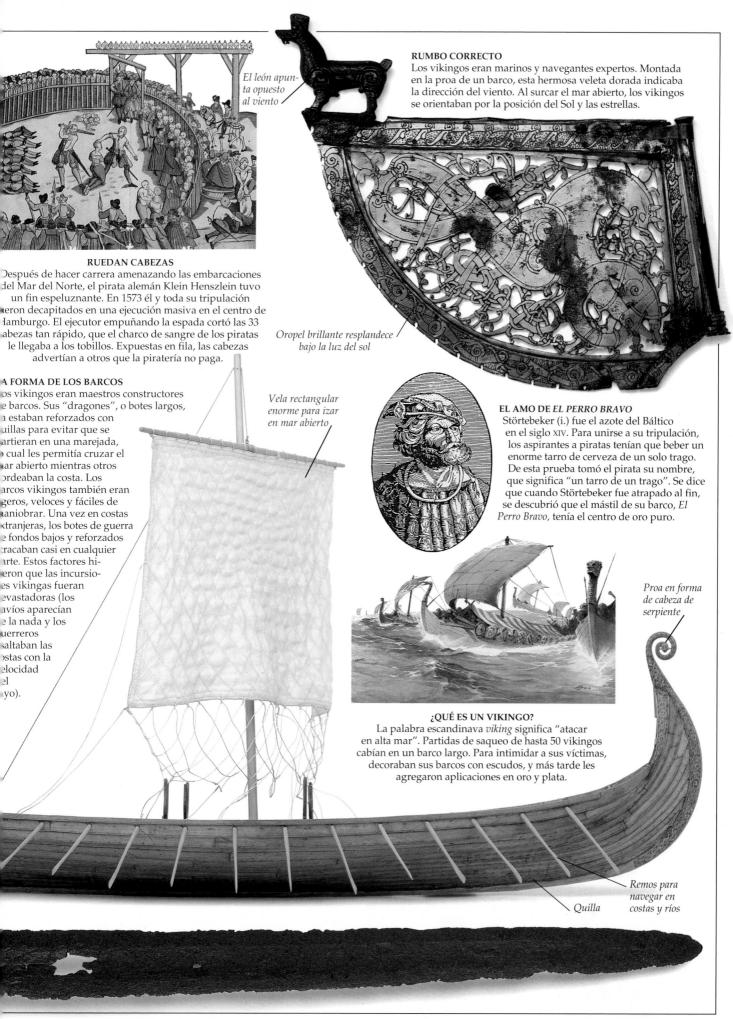

RUMBO CORRECTO

Los vikingos eran marinos y navegantes expertos. Montada en la proa de un barco, esta hermosa veleta dorada indicaba la dirección del viento. Al surcar el mar abierto, los vikingos se orientaban por la posición del Sol y las estrellas.

El león apunta opuesto al viento

RUEDAN CABEZAS

Después de hacer carrera amenazando las embarcaciones del Mar del Norte, el pirata alemán Klein Henszlein tuvo un fin espeluznante. En 1573 él y toda su tripulación ueron decapitados en una ejecución masiva en el centro de Hamburgo. El ejecutor empuñando la espada cortó las 33 abezas tan rápido, que el charco de sangre de los piratas le llegaba a los tobillos. Expuestas en fila, las cabezas advertían a otros que la piratería no paga.

Oropel brillante resplandece bajo la luz del sol

A FORMA DE LOS BARCOS

os vikingos eran maestros constructores e barcos. Sus "dragones", o botes largos, a estaban reforzados con uillas para evitar que se artieran en una marejada, o cual les permitía cruzar el ar abierto mientras otros ordeaban la costa. Los arcos vikingos también eran geros, veloces y fáciles de aniobrar. Una vez en costas xtranjeras, los botes de guerra e fondos bajos y reforzados racaban casi en cualquier arte. Estos factores hieron que las incursioes vikingas fueran evastadoras (los avíos aparecían e la nada y los uerreros altaban las ostas con la elocidad el ayo).

Vela rectangular enorme para izar en mar abierto

EL AMO DE *EL PERRO BRAVO*

Störtebeker (i.) fue el azote del Báltico en el siglo XIV. Para unirse a su tripulación, los aspirantes a piratas tenían que beber un enorme tarro de cerveza de un solo trago. De esta prueba tomó el pirata su nombre, que significa "un tarro de un trago". Se dice que cuando Störtebeker fue atrapado al fin, se descubrió que el mástil de su barco, *El Perro Bravo*, tenía el centro de oro puro.

Proa en forma de cabeza de serpiente

¿QUÉ ES UN VIKINGO?

La palabra escandinava *viking* significa "atacar en alta mar". Partidas de saqueo de hasta 50 vikingos cabían en un barco largo. Para intimidar a sus víctimas, decoraban sus barcos con escudos, y más tarde les agregaron aplicaciones en oro y plata.

Quilla

Remos para navegar en costas y ríos

La costa de Berbería

LOS CRUZADOS EUROPEOS ENFRENTARON a sus oponentes musulmanes "bárbaros" en tierra y mar. Al principio, los piratas islámicos zarpaban de la costa sur del Mediterráneo, la cual llegó a ser conocida como la costa de Berbería. Era el tiempo de las Cruzadas, las guerras santas entre cristianos y musulmanes que se iniciaron a fines del siglo XI. En sus veloces galeras, los piratas berberiscos atacaban los barcos mercantes de Venecia y Génova en busca de su botín predilecto: hombres que pudieran vender como esclavos. Si los berberiscos abordaban un buque cristiano, despojaban a la tripulación de sus vestiduras y pertenencias. Luego obligaban a los hombres a remar en su nave, cambiaban de rumbo y los dirigían hacia una vida de esclavitud en algún puerto de África. En batallas feroces, arremetían contra buques cruzados y capturaban a los ricos caballeros cristianos que iban a bordo. Los berberiscos más famosos eran temidos en toda Europa. Sus hazañas los convertían en héroes en el mundo islámico.

Costa de África del Norte, hogar de los primeros piratas berberiscos

LOS HERMANOS BARBARROJA
Los europeos llamaban a los dos mayores piratas berberiscos, Aruj y Kheir-ed-Din, "los Hermanos Barbarroja" por su barba pelirroja. Aruj fue asesinado en 1518, pero su hermano guió con éxito la resistencia musulmana contra los ataques españoles, de tal modo que en 1530 ocupó la regencia (gobierno) de la ciudad de Argelia. Murió en 1546, siendo muy respetado, incluso por sus enemigos.

Sombrero bordado de Verney

Capa de felpa para uso diario

NACIONALIZADO TURCO
Sir Francis Verney (i.) fue uno de los numerosos europeos que se "volvieron turcos" y se unieron a los piratas berberiscos. Eran bienvenidos por sus habilidades marítimas y pagaban impuestos por los botines obtenidos a los príncipes berberiscos, quienes los protegían de contraataques. A veces, estos cristianos renegados adoptaban la fe musulmana de sus amos.

Las estilizadas galeras berberiscas alcanzaban velocidades de hasta 9 nudos (10 m/h-16 km/h) en distancias cortas

BATALLA EN EL MAR
Los berberiscos usaban esclavos para impulsar sus naves, pero ninguno de estos hombres peleaba. Los jenízaros musulmanes (soldados profesionales bien entrenados y muy disciplinados) constituían la fuerza militar. Cuando una galera berberisca se acercaba a su víctima, 100 jenízaros trepaban a bordo del barco cristiano y sometían a la tripulación. Este método de ataque fue muy exitoso para los berberiscos. Muchas naves cristianas no tuvieron oportunidad

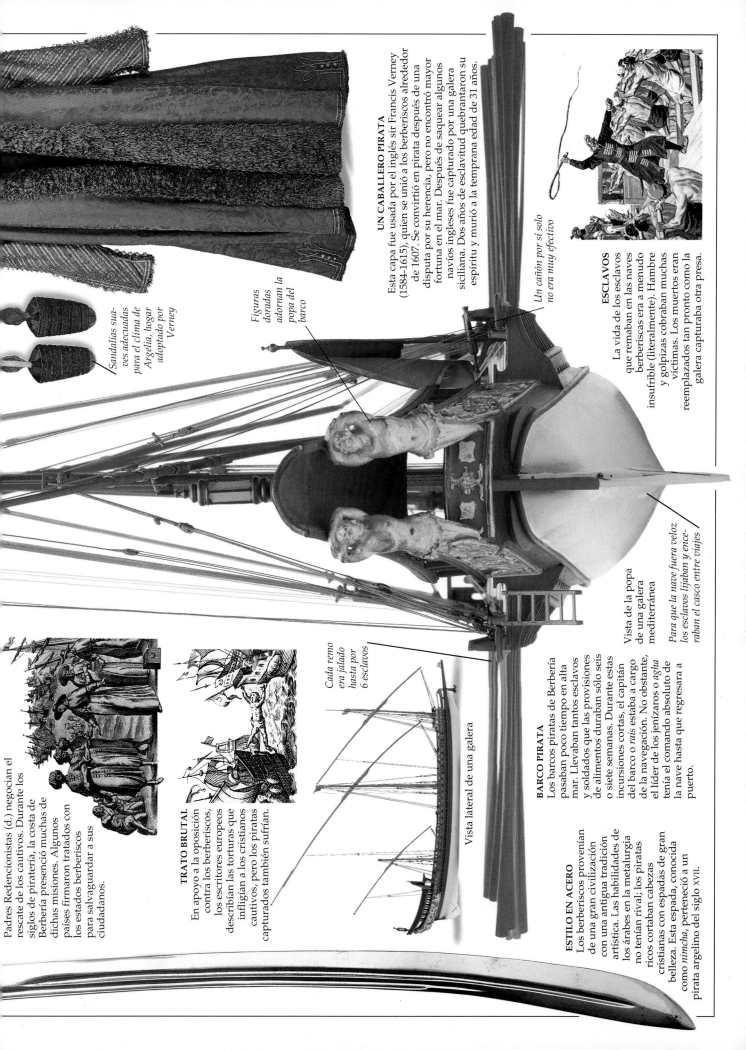

UN CABALLERO PIRATA

Esta capa fue usada por el inglés sir Francis Verney (1584–1615), quien se unió a los berberiscos alrededor de 1607. Se convirtió en pirata después de una disputa por su herencia, pero no encontró mayor fortuna en el mar. Después de saquear algunos navíos ingleses fue capturado por una galera siciliana. Dos años de esclavitud quebrantaron su espíritu y murió a la temprana edad de 31 años.

Un cañón por sí solo no era muy efectivo

ESCLAVOS

La vida de los esclavos que remaban en las naves berberiscas era a menudo insufrible (literalmente). Hambre y golpizas cobraban muchas víctimas. Los muertos eran reemplazados tan pronto como la galera capturaba otra presa.

Sandalias suaves adecuadas para el clima de Argelia, hogar adoptado por Verney

Figuras doradas adornan la popa del barco

Vista de la popa de una galera mediterránea

Para que la nave fuera veloz los esclavos lijaban y enceraban el casco entre viajes

Padres Redencionistas (d.) negocian el rescate de los cautivos. Durante los siglos de piratería, la costa de Berbería presenció muchas de dichas misiones. Algunos países firmaron tratados con los estados berberiscos para salvaguardar a sus ciudadanos.

TRATO BRUTAL

En apoyo a la oposición contra los berberiscos, los escritores europeos describían las torturas que infligían a los cristianos cautivos, pero los piratas capturados también sufrían.

Cada remo era jalado hasta por 6 esclavos

Vista lateral de una galera

BARCO PIRATA

Los barcos piratas de Berbería pasaban poco tiempo en alta mar. Llevaban tantos esclavos y soldados que las provisiones de alimentos duraban sólo seis o siete semanas. Durante estas incursiones cortas, el capitán del barco o *rais* estaba a cargo de la navegación. No obstante, el líder de los jenízaros o *agha* tenía el comando absoluto de la nave hasta que regresara a puerto.

ESTILO EN ACERO

Los berberiscos provenían de una gran civilización con una antigua tradición artística. Las habilidades de los árabes en la metalurgia no tenían rival; los piratas ricos cortaban cabezas cristianas con espadas de gran belleza. Esta espada, conocida como *nimcha*, perteneció a un pirata argelino del siglo XVII.

Los corsarios de Malta

VIAJE A TIERRA SANTA
La Orden de Caballeros de San Juan se formó en los albores de las Cruzadas para defender a Jerusalén de los ataques islámicos. También creó hospitales para cuidar a los cruzados. Esta miniatura muestra a los cruzados cargando sus barcos para el viaje a Tierra Santa. En 1530 se les otorgó la isla de Malta y se les conoció como Caballeros de Malta.

INCITADOS POR **D**IOS Y POR EL ORO, los corsarios de Malta lucharon contra los piratas berberiscos. Con los Caballeros de Malta como sus patronos, los corsarios emprendieron una campaña por mar contra los "paganos" del Islam desde su pequeña isla. Cuando los Caballeros capitaneaban sus navíos, imperaba el fervor religioso, pero con el tiempo, el comercio pasó al primer plano. Los Caballeros financiaban y organizaban los ataques contra sus enemigos berberiscos, pero para los malteses, corsos y franceses, los botines de la piratería se convirtieron en el principal atractivo. Los corsarios enriquecieron a Malta hasta la década de 1680, cuando los tratados acabaron poco a poco con la piratería.

Una carraca, antecesora del galeón

EL SITIO DE MALTA
En 1565 los Caballeros de Malta triunfaron contra los musulmanes cuando una flota del Imperio Otomano sitió Malta. Los Caballeros eran superados en número de cinco a uno, pero pelearon con valor desde el interior de su fuerte en la costa noreste de Malta. Cuando llegaron los españoles, los otomanos tuvieron que retirarse. Seis años después, los Caballeros volvieron a la lucha en alta mar en la batalla de Lepanto. La victoria cristiana dio fin al poderío otomano en el Mediterráneo.

UN BARCO EN UNA BOTELLA
La flota de galeras maltesa creció hasta la década de 1660, cuando alcanzó la cifra de 30 carracas como la que se ilustra en este frasco de farmacia. En ese entonces, el comercio corsario daba empleo a un tercio de la población.

El castillo de proa elevado permitía a los corsarios malteses saltar sobre las cubiertas de las galeras berberiscas

Espolón para embestir las naves enemigas

GALERA CRISTIANA
Los corsarios de Malta navegaban en galeras similares a las de sus adversarios musulmanes. Pero, las galeras cristianas tenían dos grandes velas en lugar de una, menos remos y más cañones. Los esclavos desnudos en los remos eran musulmanes y su vida era peor que la de sus contrapartes en las galeras berberiscas. Un oficial francés observó que: "Muchos de los esclavos de las galeras no tenían suficiente espacio para dormir, colocaban siete hombres en una banca de 10 x 4 pies (3 x 1.2 m)". Este modelo representa una galera de los Caballeros de Malta ca. 1770, pero el diseño casi no sufrió cambios desde el siglo XVI.

La entena podía bajarse a cubierta cuando la vela era innecesaria

Vela latina: vela triangular y angosta atada a la entena

Vela de mesana, introducida en 1700

El casco angosto y estilizado se deslizaba en el agua

Los remos principal medio propulsi

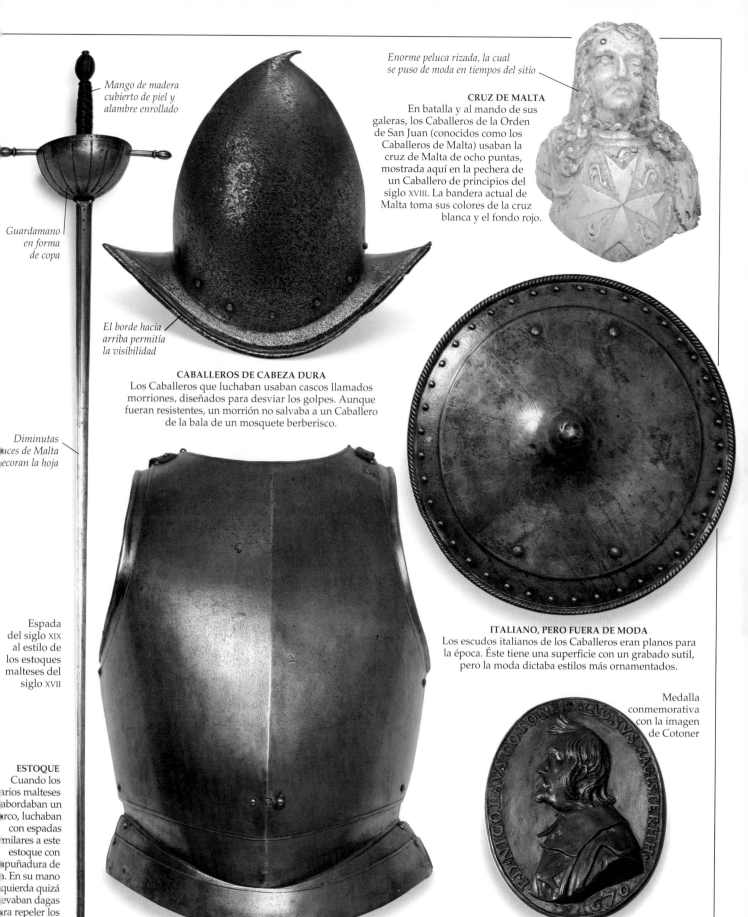

Mango de madera cubierto de piel y alambre enrollado

Guardamano en forma de copa

Diminutas cruces de Malta decoran la hoja

Espada del siglo XIX al estilo de los estoques malteses del siglo XVII

ESTOQUE
Cuando los corsarios malteses abordaban un barco, luchaban con espadas similares a este estoque con empuñadura de copa. En su mano izquierda quizá llevaban dagas para repeler los embates de sus oponentes.

El borde hacia arriba permitía la visibilidad

CABALLEROS DE CABEZA DURA
Los Caballeros que luchaban usaban cascos llamados morriones, diseñados para desviar los golpes. Aunque fueran resistentes, un morrión no salvaba a un Caballero de la bala de un mosquete berberisco.

Enorme peluca rizada, la cual se puso de moda en tiempos del sitio

CRUZ DE MALTA
En batalla y al mando de sus galeras, los Caballeros de la Orden de San Juan (conocidos como los Caballeros de Malta) usaban la cruz de Malta de ocho puntas, mostrada aquí en la pechera de un Caballero de principios del siglo XVIII. La bandera actual de Malta toma sus colores de la cruz blanca y el fondo rojo.

ITALIANO, PERO FUERA DE MODA
Los escudos italianos de los Caballeros eran planos para la época. Éste tiene una superficie con un grabado sutil, pero la moda dictaba estilos más ornamentados.

Medalla conmemorativa con la imagen de Cotoner

METAL PESADO
Armados hasta los dientes contra sus enemigos musulmanes, los Caballeros de Malta se consideraban soldados de la fe cristiana. Esta pechera era usada tanto en tierra como en el mar.

MAESTRO DE CONSTRUCTORES
Después del gran sitio, los Caballeros de Malta reforzaron su fortaleza contra ataques posteriores de sus enemigos berberiscos. La construcción se llevó más de un siglo. Nicolás Cotoner era el Gran Caballero Constructor cuando al fin se terminó este trabajo.

Los corsarios

"SEPAN QUE HEMOS OTORGADO y dado licencia… a Adam Robernolt y William le Sauvage… para molestar a nuestros enemigos en mar o en tierra… de modo que compartirán con nosotros la mitad de todas sus ganancias." Con estas palabras el rey inglés Enrique III emitió una de las primeras "cartas de marca" o "patentes de corso" en 1243. Virtualmente una licencia para ejercer la piratería, la carta era conveniente para todas las partes involucradas, la tripulación de la nave tenía derecho a saquear sin castigo y el rey adquiría un buque de guerra gratis, así como su parte del botín. Al principio se llamaron "hombres de guerra privados", y posteriormente corsarios. Entre los siglos XVI y XVIII, los corsarios prosperaron mientras las naciones europeas peleaban entre sí guerras costosas. Se suponía que los corsarios atacarían sólo embarcaciones enemigas, pero muchos hallaron el modo de romper las reglas.

HONORES REALES
La reina inglesa Isabel I (1558-1603) honró al aventurero y corsario Francis Drake (1540-1596), a quien llamaba "su pirata", nombrándolo caballero en 1581. Las actividades de Drake le redituaron a ella una gran riqueza (más de 200,000 libras según un estimado de la época).

REPRESALIAS OFICIALES
El rey inglés Enrique III (1216-1272), emitió las primeras patentes de corso conocidas. Había de dos tipos. En tiempos de guerra el rey otorgaba patentes generales autorizando atacar embarcaciones enemigas. En tiempos de paz, los mercaderes que hubieran perdido su barco o carga ante piratas podían solicitar una patente especial que les permitía atacar navíos de la nación de los piratas para recuperar su pérdida.

CORSARIO PROMOTOR
El navegante inglés Walter Raleigh (1522-1618) estaba a favor del corso y reconoció que aportaba enormes ingresos a su país. También promovió el corso para su propio beneficio, patrocinando a muchos corsarios con la esperanza de poder financiar una colonia en Virginia, América del Norte, con las ganancias.

LICENCIA PARA PIRATAS
Las patentes de corso otorgadas por el rey de Inglaterra Jorge III (1760-1820) contenían muchas restricciones. Pero los navieros corruptos podían comprar una que les daba licencia para saquear barcos mercantes inocentes.

"POR LOS SAQUEOS"
Los prósperos capitanes corsarios del siglo XVIII podían darse el lujo de brindar por una nueva empresa en finas copas como ésta. El grabado en la copa dice: "Éxito al corsario Duque de Cornwall."

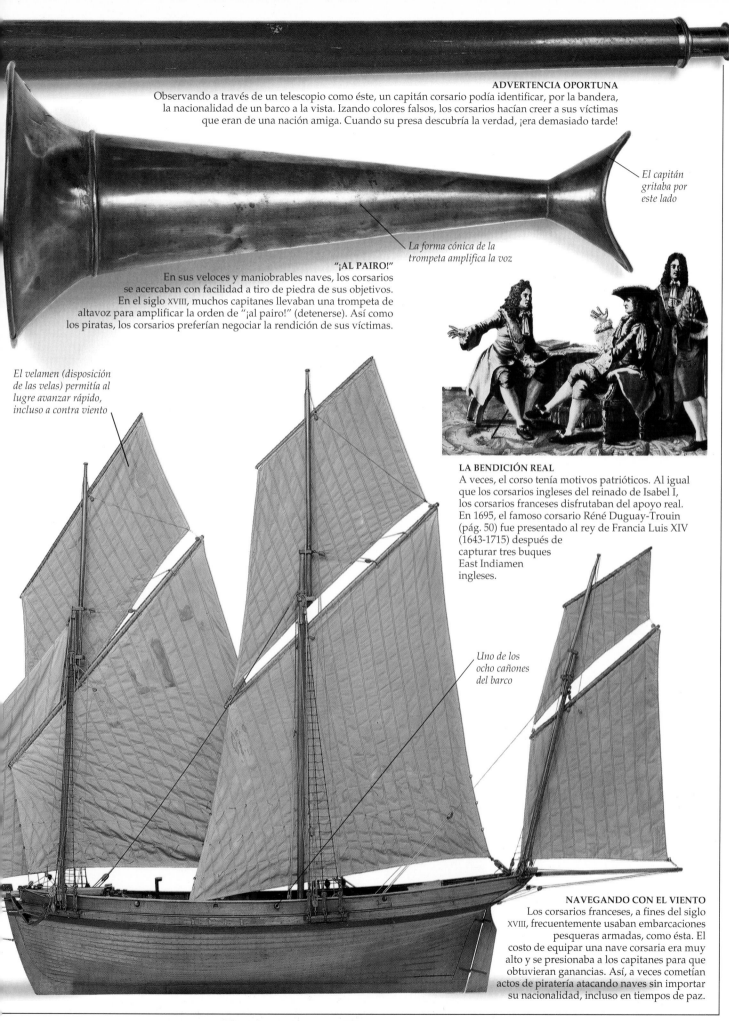

ADVERTENCIA OPORTUNA

Observando a través de un telescopio como éste, un capitán corsario podía identificar, por la bandera, la nacionalidad de un barco a la vista. Izando colores falsos, los corsarios hacían creer a sus víctimas que eran de una nación amiga. Cuando su presa descubría la verdad, ¡era demasiado tarde!

El capitán gritaba por este lado

La forma cónica de la trompeta amplifica la voz

"¡AL PAIRO!"

En sus veloces y maniobrables naves, los corsarios se acercaban con facilidad a tiro de piedra de sus objetivos. En el siglo XVIII, muchos capitanes llevaban una trompeta de altavoz para amplificar la orden de "¡al pairo!" (detenerse). Así como los piratas, los corsarios preferían negociar la rendición de sus víctimas.

El velamen (disposición de las velas) permitía al lugre avanzar rápido, incluso a contra viento

LA BENDICIÓN REAL

A veces, el corso tenía motivos patrióticos. Al igual que los corsarios ingleses del reinado de Isabel I, los corsarios franceses disfrutaban del apoyo real. En 1695, el famoso corsario Réné Duguay-Trouin (pág. 50) fue presentado al rey de Francia Luis XIV (1643-1715) después de capturar tres buques East Indiamen ingleses.

Uno de los ocho cañones del barco

NAVEGANDO CON EL VIENTO

Los corsarios franceses, a fines del siglo XVIII, frecuentemente usaban embarcaciones pesqueras armadas, como ésta. El costo de equipar una nave corsaria era muy alto y se presionaba a los capitanes para que obtuvieran ganancias. Así, a veces cometían actos de piratería atacando naves sin importar su nacionalidad, incluso en tiempos de paz.

Un galeón español

Cuenca del Caribe

Famosa en las leyendas de piratas, la cuenca del Caribe atraía a aventureros y piratas con la promesa de riquezas incalculables. Esa zona formaba parte del imperio de España en el "Nuevo Mundo" en América del Norte y del Sur. Descubierto por Cristóbal Colón en 1492, el Nuevo Mundo contaba con tesoros que superaban los sueños más extraordinarios de los europeos. Los conquistadores españoles saquearon despiadadamente las riquezas de las naciones azteca e inca en México y Perú. Durante los siglos XVI y XVII inmensas cantidades de oro y plata eran embarcadas hacia Europa. Los barcos españoles con los tesoros pronto atrajeron la atención de los corsarios y piratas, ansiosos por compartir el botín, marcando así el inicio de la piratería en el Nuevo Mundo.

LOS VIAJES DE COLÓN
Buscando una ruta comercial por occidente hacia Asia, el navegante italiano Cristóbal Colón (1451-1506) llegó al Nuevo Mundo en 1492. Desembarcó en las Bahamas en una isla que llamó San Salvador, donde los nativos le dieron la bienvenida (ar.). Colón dirigió expediciones españolas posteriores hacia el Nuevo Mundo y estableció la primera colonia española permanente en la isla del Caribe llamada La Española (pág. 27).

Tesoro azteca embarcado en la Vera Cruz

Los barcos se reunían en La Habana para volver a Europa

México

Océano Atlántico

San Salvador

Cuba

Jamaica

La Española

Océano Pacífico

Perú

Tesoro inca cargado en Nombre de Dios

Panamá

EN EL NUEVO MUNDO
La cuenca del Caribe abarcaba las partes del continente americano en tierra firme, desde México hasta Perú, colonizadas por España, así como las islas, el Golfo de México y el mar Caribe.

Arriba, en la cofa de vigía, el vigía del barco se mantenía alerta ante posibles piratas

Castillo de proa

El globo terráqueo de Martin Behaim de 1491 tiene un vacío donde debería estar América

VIEJO MUNDO
Creado antes de 1492, este globo terráqueo excluye al Nuevo Mundo. Muestra cómo creía Colón que podía llegar a Asia cruzando el Atlántico.

BARCO CON TESOROS
El tesoro del Nuevo Mundo se transportaba a Europa en galeones españoles con 60 cañones y tripulaciones de 200 hombres. Aunque su construcción era resistente, con cascos de madera y poderosos aparejos, eran difíciles de maniobrar y, a pesar de sus cañones, a menudo eran rivales débiles ante barcos piratas más ligeros y veloces. Por lo tanto, como medida de seguridad, los barcos con tesoros cruzaban el Atlántico en convoyes de hasta 100 naves.

Equipado con una gran vela cuadrada en cada mástil, un galeón navegaba bien con viento de popa, pero era lento a contra viento

TESORO AZTECA
La joyería azteca de oro sólido, como este adorno para los labios, era exquisitamente hermosa. Sin embargo, los ambiciosos españoles comprimieron y fundieron la mayoría para ahorrar espacio en los barcos con tesoros.

Un galeón bien armado podía superar a un barco pirata a fuego de cañón, por eso los piratas evitaban la confrontación directa; preferían matar al capitán y a la tripulación con mosquetes

Un castillo de popa alto y con varias cubiertas aumentaba la resistencia al viento

Los cofres de tesoros eran cargados en las cubiertas inferiores y custodiados por soldados

Timón

Gran parte del casco flotaba sobre el agua porque el galeón cargaba y descargaba en ríos y bahías poco profundos

EL REINO DE PERÚ
En 1529, el conquistador Francisco Pizarro (c 1476-1541) dirigió un pequeño ejercito a Perú. Capturó fácilmente al rey inca Atahualpa y pidió como rescate por él las riquezas de su reino. El rescate fue entregado, pero aun así, los españoles mataron a Atahualpa.

ORO INCA
Para rescatar a su rey de Pizarro, el pueblo inca llenó un cuarto de siete pasos de largo y casi igual de ancho con objetos de oro como éste.

EL ÚLTIMO EMPERADOR
El emperador azteca Cuauhtémoc (c 1495-1525) se rindió ante los conquistadores españoles tras una larga batalla. Primero lo trataron bien, pero luego fue torturado y ahorcado.

LA CAÍDA DE UNA NACIÓN
Esta pintura muestra al ejército español de Hernán Cortés (1485-1547) derrotando a los aztecas en México. En su ambición por el oro, los conquistadores destruyeron por completo las antiguas civilizaciones azteca e inca en América.

En el Nuevo Mundo

LOS TESOROS DEL Nuevo Mundo asombraron a los europeos del siglo XVI. El escritor español Bernal Díaz del Castillo se maravilló ante objetos como un disco de oro "con forma de sol, del tamaño de una rueda de carreta". Los enemigos de España pronto se hicieron a la mar para reclamar su parte del botín. Entre los primeros estuvieron los franceses, seguidos por los corsarios ingleses dirigidos por Drake y Hawkins. Su éxito alentó a muchos a viajar al Nuevo Mundo. Desesperados por volver ricos a casa, algunos rayaron en la piratería, atacando naves de cualquier nación.

MANANTIAL DE PLATA
Al principio, los colonizadores españoles esclavizaron a los nativos en las minas de plata del Nuevo Mundo. Pero se mostraron reacios (muchos murieron por las golpizas que pretendían hacerlos trabajar), así que trajeron esclavos de África.

NAVEGANTE DE ESTRECHOS
Los barcos franceses fueron los primeros en saquear con éxito los galeones españoles con tesoros. El navegante genovés Giovanni da Verrazano (c 1485-c 1528), navegando para los franceses, tomó tres naves españolas en 1522, dos cargadas con tesoro de México y una con azúcar, cuero y perlas. Pero, Verrazano es mejor conocido por descubrir la bahía de Nueva York en 1524.

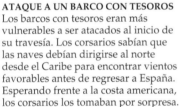

ATAQUE A UN BARCO CON TESOROS
Los barcos con tesoros eran más vulnerables a ser atacados al inicio de su travesía. Los corsarios sabían que las naves debían dirigirse al norte desde el Caribe para encontrar vientos favorables antes de regresar a España. Esperando frente a la costa americana, los corsarios los tomaban por sorpresa.

REALES DE A OCHO
Del oro y la plata del Nuevo Mundo, los españoles acuñaron doblones y reales de a ocho, los cuales se convirtieron en la moneda pirata.

Barril de bronce

EL VIAJE DE DRAKE DE 1585
Las hazañas del corsario y pirata inglés Francis Drake (c 1540-1596) lo convirtieron en un héroe popular en su país natal. Los españoles atacaron su barco en 1568 y el incidente hizo que odiara a esa nación. Su viaje de 1585 a 1586, marcado en el mapa (ar.), se conoció como el "Descenso de las Indias" de Drake. Atacó Vigo en España, luego cruzó el Atlántico para saquear las colonias de la nación en el Nuevo Mundo.

ADVERTENCIA
La exitosa defensa de Inglaterra de Drake contra la Armada Española en 1588 aumentó su reputación como héroe náutico. El tambor que llevaba a bordo de su barco aún existe y se dice que emite un espectral toque de advertencia cuando Inglaterra está en peligro.

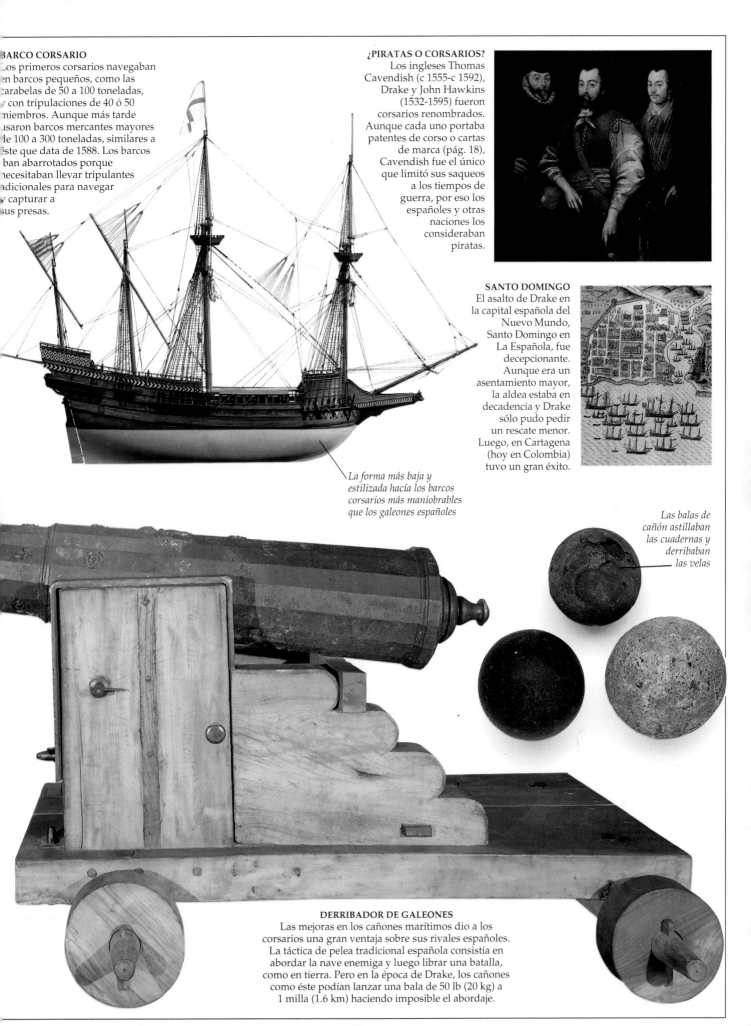

BARCO CORSARIO

Los primeros corsarios navegaban en barcos pequeños, como las carabelas de 50 a 100 toneladas, y con tripulaciones de 40 ó 50 miembros. Aunque más tarde usaron barcos mercantes mayores de 100 a 300 toneladas, similares a éste que data de 1588. Los barcos iban abarrotados porque necesitaban llevar tripulantes adicionales para navegar y capturar a sus presas.

¿PIRATAS O CORSARIOS?

Los ingleses Thomas Cavendish (c 1555-c 1592), Drake y John Hawkins (1532-1595) fueron corsarios renombrados. Aunque cada uno portaba patentes de corso o cartas de marca (pág. 18), Cavendish fue el único que limitó sus saqueos a los tiempos de guerra, por eso los españoles y otras naciones los consideraban piratas.

SANTO DOMINGO

El asalto de Drake en la capital española del Nuevo Mundo, Santo Domingo en La Española, fue decepcionante. Aunque era un asentamiento mayor, la aldea estaba en decadencia y Drake sólo pudo pedir un rescate menor. Luego, en Cartagena (hoy en Colombia) tuvo un gran éxito.

La forma más baja y estilizada hacía los barcos corsarios más maniobrables que los galeones españoles

Las balas de cañón astillaban las cuadernas y derribaban las velas

DERRIBADOR DE GALEONES

Las mejoras en los cañones marítimos dio a los corsarios una gran ventaja sobre sus rivales españoles. La táctica de pelea tradicional española consistía en abordar la nave enemiga y luego librar una batalla, como en tierra. Pero en la época de Drake, los cañones como éste podían lanzar una bala de 50 lb (20 kg) a 1 milla (1.6 km) haciendo imposible el abordaje.

Navegación y mapas

EL ÉXITO PIRATA en el Nuevo Mundo (pág. 20) significaba ser más listo, mejor navegante y mejor guerrero que la presa elegida, pero ¿cómo encontrar a las víctimas? La navegación era primitiva. Los piratas tenían que poner sus barcos a lo largo de las rutas de los navíos con tesoros españoles, usando una mezcla de conocimientos, sentido común y suerte. Podían estimar la latitud con precisión por la posición del Sol, pero juzgar la longitud era más complicado. Además de la brújula, la herramienta vital para un capitán pirata era una carta de navegación. Los barcos españoles habían explorado gran parte de la costa del Nuevo Mundo en el siglo XVI y sus cartas eran valiosos trofeos. Con una carta española robada, piratas y bucaneros podían saquear las riquezas de las costas.

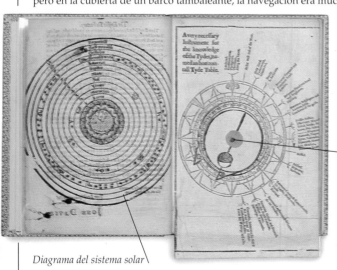

Compases y cartas

Carta de vitela

Cruz geométrica

Globo

Astrolabio

ARTISTAS DE LA NAVEGACIÓN EN ACCIÓN

Los piratas llamaban a los navegantes experimentados "artistas de la navegación"; esta caprichosa ilustración muestra un grupo de ellos con las herramientas de su oficio. En condiciones ideales podían juzgar la distancia con un margen de error de 1.3 millas (2 km), pero en la cubierta de un barco tambaleante, la navegación era mucho menos precisa.

LIBROS DE NAVEGACIÓN DEL MAR DEL SUR

Este libro de navegación de la costa del Pacífico de América del Sur se lo robó el bucanero Bartolomé Sharp a los españoles. En 1681 escribió en su diario: "Obtuve un manuscrito español de gran valor, describe todos los puertos, caminos, bahías, bancos de arena, rocas y elevaciones y contiene instrucciones sobre cómo maniobrar un barco para entrar a un puerto o bahía". El cartógrafo inglés William Hack hizo esta copia en 1685.

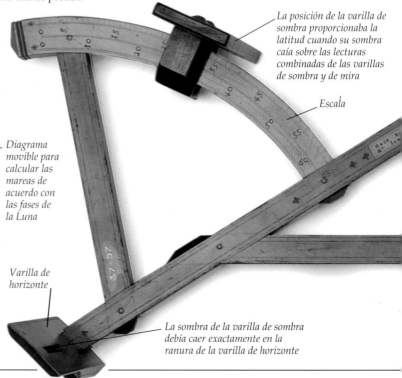

La posición de la varilla de sombra proporcionaba la latitud cuando su sombra caía sobre las lecturas combinadas de las varillas de sombra y de mira

Escala

Diagrama movible para calcular las mareas de acuerdo con las fases de la Luna

Diagrama del sistema solar

SECRETOS DEL MAR

El navegante inglés John Davis (c 1550-1605) adquirió parte de su conocimiento del mar navegando con Thomas Cavendish en 1591. Su libro *Los secretos del marino* (ar.) es un compendio de lo mucho que sabía y fue una lectura esencial para los pilotos piratas. Este ingenioso diagrama movible muestra la posición de la Luna y las mareas con ayuda de plantillas circulares móviles.

Varilla de horizonte

La sombra de la varilla de sombra debía caer exactamente en la ranura de la varilla de horizonte

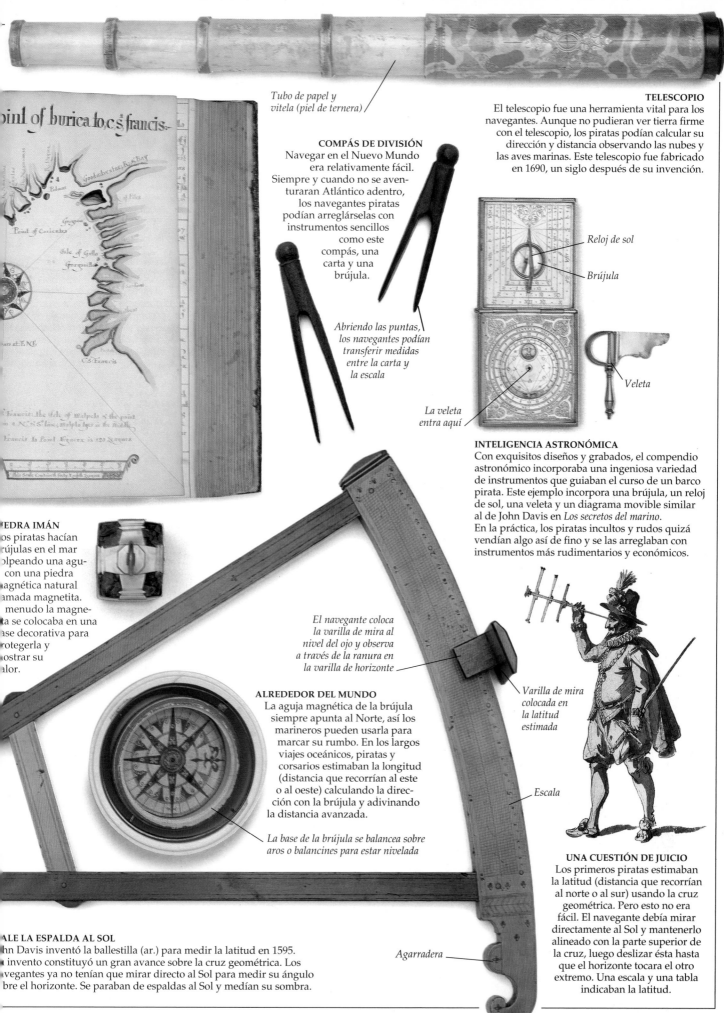

Tubo de papel y vitela (piel de ternera)

TELESCOPIO
El telescopio fue una herramienta vital para los navegantes. Aunque no pudieran ver tierra firme con el telescopio, los piratas podían calcular su dirección y distancia observando las nubes y las aves marinas. Este telescopio fue fabricado en 1690, un siglo después de su invención.

int of burica to,c,s francis

COMPÁS DE DIVISIÓN
Navegar en el Nuevo Mundo era relativamente fácil. Siempre y cuando no se aventuraran Atlántico adentro, los navegantes piratas podían arreglárselas con instrumentos sencillos como este compás, una carta y una brújula.

Abriendo las puntas, los navegantes podían transferir medidas entre la carta y la escala

Reloj de sol

Brújula

Veleta

La veleta entra aquí

INTELIGENCIA ASTRONÓMICA
Con exquisitos diseños y grabados, el compendio astronómico incorporaba una ingeniosa variedad de instrumentos que guiaban el curso de un barco pirata. Este ejemplo incorpora una brújula, un reloj de sol, una veleta y un diagrama movible similar al de John Davis en *Los secretos del marino*.
En la práctica, los piratas incultos y rudos quizá vendían algo así de fino y se las arreglaban con instrumentos más rudimentarios y económicos.

EDRA IMÁN
os piratas hacían rújulas en el mar olpeando una agu- con una piedra agnética natural amada magnetita. menudo la magne- ta se colocaba en una ase decorativa para rotegerla y ostrar su alor.

El navegante coloca la varilla de mira al nivel del ojo y observa a través de la ranura en la varilla de horizonte

ALREDEDOR DEL MUNDO
La aguja magnética de la brújula siempre apunta al Norte, así los marineros pueden usarla para marcar su rumbo. En los largos viajes oceánicos, piratas y corsarios estimaban la longitud (distancia que recorrían al este o al oeste) calculando la dirección con la brújula y adivinando la distancia avanzada.

Varilla de mira colocada en la latitud estimada

Escala

La base de la brújula se balancea sobre aros o balancines para estar nivelada

UNA CUESTIÓN DE JUICIO
Los primeros piratas estimaban la latitud (distancia que recorrían al norte o al sur) usando la cruz geométrica. Pero esto no era fácil. El navegante debía mirar directamente al Sol y mantenerlo alineado con la parte superior de la cruz, luego deslizar ésta hasta que el horizonte tocara el otro extremo. Una escala y una tabla indicaban la latitud.

Agarradera

ALE LA ESPALDA AL SOL
hn Davis inventó la ballestilla (ar.) para medir la latitud en 1595. invento constituyó un gran avance sobre la cruz geométrica. Los vegantes ya no tenían que mirar directo al Sol para medir su ángulo bre el horizonte. Se paraban de espaldas al Sol y medían su sombra.

Los bucaneros

EL REY DE INGLATERRA Jacobo I escribió un capítulo sangriento en la historia del Nuevo Mundo (pág. 20) en 1603. Para dar fin al caos de los saqueos corsarios en el Caribe, retiró las patentes de corso (pág. 18). Esto tuvo consecuencias desastrosas. Bandas de bucaneros incontrolables reemplazaron a los corsarios. Originalmente cazadores de la isla La Española, los bucaneros se reunieron en una hermandad leal cuando los españoles trataron de expulsarlos. Empezaron atacando naves españolas menores, luego fueron tras trofeos mayores. Convictos, proscritos y esclavos fugitivos aumentaban sus filas. Los bucaneros no obedecían ninguna ley más que la propia y sus líderes mantenían la disciplina con horribles actos de crueldad. Pero, algunos, como Henry Morgan, peleaban por la fama y la gloria y se convirtieron en héroes.

BUCANEROS SANGRIENTOS
Los bucaneros originales vendían carne, grasa y cuero a los barcos que pasaban. Solían cazar cerdos y reses salvajes que se reprodujeron con rapidez cuando los colonizadores españoles dejaron la isla La Española. Tenían reputación de salvajes. Vestían pieles, manchadas de sangre por su oficio, y olían mal.

UNA PARRILLADA PRIMITIVA
Los indios arahuacos enseñaron a los bucaneros cómo curar la carne en un ahumadero o *boucan* que dio su nombre a los "bucaneros".

Tortuga

DIARIO DE LA TRAVESÍA DE UN BUCANERO
El cirujano Basil Ringrose (1653-1686) navegó con el bucanero Bartholomew Sharp en su expedición de 1680 a 1682 por la costa del Pacífico de América del Sur. Su diario del viaje es una de las fuentes principales de información de la vida de los bucaneros.

Île à Vache

Carta de navegación del siglo XVII de La Española (hoy Haití y República Dominicana)

DEGOLLADORES CRUELES Y SANGUINARIOS
En las peligrosas aguas del Nuevo Mundo, la vida era despreciable y la tortura de los prisioneros un hecho común. No obstante, la crueldad de los bucaneros se volvió legendaria. L'Ollonais (ar.) torturaba a sus víctimas con sombría originalidad. En una ocasión le sacó el corazón a un prisionero español y se lo metió en la boca a otro.

Espada y funda que se cree que pertenecía a uno de los bucaneros de Morgan en 1670

FRANCIS L'OLLONAIS
El más cruel de una banda cruel, bucanero francés L'Ollonais sembró el terror en los españoles, quienes preferían morir que rendirse ante el bucanero. Torturaba a los capturados y los descuartizaba.

ROCK BRAZILIANO
Apodado por su largo exilio en Brasil, este "bestial y tonto" borracho detestaba a los españoles. Una vez rostizó vivos a dos granjeros españoles porque se negaron a entregarle sus cerdos para comer.

BARTOLOMÉ EL PORTUGUÉS
Ingenioso y atrevido, Bartolomé el Portugués cobraba presas valiosas y perdía sus fortunas pocos días después. Aunque no sabía nadar, escapó de un barco de presos saltando por la borda con garrafas de vino como flotadores.

Carta de navegación en tablero de roble, para protegerla

HISPAÑOLA

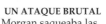

Saona

SIR HENRY MORGAN
El más famoso de los bucaneros, el galés Henry Morgan (1635-1688) era un líder nato. Quizá fue tan cruel como otros bucaneros, pero sus osados ataques a las colonias españolas, sobre todo en Panamá, le valieron el título de Caballero inglés y fue gobernador de Jamaica.

ISLA DE LOS BUCANEROS
Como cazadores, los bucaneros vivían en paz en La Española (i.) hasta que los españoles los atacaron y acabaron con los animales que eran su sustento. Formaron la "Hermandad de la Costa" para defenderse y algunos emigraron a la isla Tortuga, donde los barcos españoles eran presa fácil. A la llegada de los franceses, algunos se dispersaron hacia Île à Vache y Saona.

EL ORIGEN DEL ALFANJE
Cuenta la leyenda que los bucaneros inventaron el alfanje. El cuchillo largo de los bucaneros originales para destazar la carne para el "boucan" evolu-cionó en la famosa espada corta de todo marino.

UN ATAQUE BRUTAL
Morgan saqueaba las colonias españolas con disciplina militar, pero sin misericordia. En 1668 sus 800 hombres derrotaron al ejército de Puerto Príncipe en Cuba (d.). Obligaron a los hombres de la aldea a rendirse amenazándolos con destazar a sus esposas e hijos. Apresados en las iglesias, la gente moría de hambre mientras los bucaneros se apropiaban de sus posesiones.

Armas

¡BUM! CON UN ESTALLIDO atronador y una nube de humo, un cañón anunciaba el ataque. ¡Crac! Una bala de mosquete le da al timonel; el barco avanza fuera de control. ¡Patapum! La vela mayor cae sobre cubierta; los piratas abordan la nave abriéndose paso entre los amantillos de la vela. Después de tan dramática demostración, la mayoría de los marineros se resistían a desafiar a los piratas, quienes se precipitaban a bordo llenos de ira, armados y gritando amenazas aterradoras. Pocas tripulaciones presentaban batalla. Aquellas que lo hacían enfrentaban los afilados alfanjes de los degolladores. La única manera de repeler un ataque pirata con éxito era evitar una batalla campal. Los valientes formaban una barricada en la parte más resistente del barco y peleaban audazmente con pistolas y bombas.

BALAS DE CAÑÓN
Los cañones rara vez hundían un barco, pero dentro del casco el impacto de las bolas de hierro creaba un tornado de astillas mortales. El tiro en cadena (dos balas unidas por una cadena y dirigidas a gran altura derribaba los mástiles y las velas para inhabilitar un barco.

ALFANJE ASESINO
En los siglos XVII y XVIII, el alfanje fue favorito entre los hombres de batalla del mar. Su hoja corta y ancha era el arma ideal para el combate cuerpo a cuerpo a bordo de un barco; una espada más larga se enredaría en los aparejos.

La hoja corta era fácil de esgrimir en una cubierta abarrotada

Mecanismo de disparo o cerrojo

Empuñadura de madera

MOSQUETÓN
El cañón corto del mosquetón limitaba su precisión, así que posiblemente los piratas usaban esta arma sólo cuando estaban cerca de sus víctimas. Al igual que el mosquete más largo, se dispara sobre el hombro, pero el cañón corto hacía que el mosquetón fuera maniobrable en una cubierta atestada en alta mar.

Parche y bala de mosquete

Las cajas de parches se ataban al cinturón

Rastrillo

El martillo detiene el pedernal, que golpea al rastrillo creando chispas

Se producen chispas que encienden el polvorín

CAJAS DE PARCHES
Para evitar que las balas se salieran de un mosquete cargado, los piratas las envolvían en un pedazo de tela (parche) para meterlas a presión en el cañón.

PISTOLA DE LLAVE DE CHISPA
Ligera y portátil, la pistola era el arma favorita de los piratas para el abordaje. Pero la brisa marina a veces humedecía la pólvora y las pistolas fallaban, sólo emitían un silencioso destello en el polvorín. Recargar requería tiempo, así que preferían usar la culata del arma como mazo.

Baqueta para empujar la bala y el parche dentro del cañón

La culata cubierta de bronce se podía usar como mazo

Martillo *Pedernal*

MOSQUETE DE TIRADOR
Con un mosquete largo, un tirador pirata podía derribar al timonel de un barco a distancia. El estriado, o rayado en espiral dentro del cañón del mosquete, hacía girar la bala de modo que volaba en línea recta. Esto mejoraba la precisión, pero un tirador necesitaba una mar en calma para apuntar bien.

Gatillo

Guardamonte

La culata descansa sobre el hombro

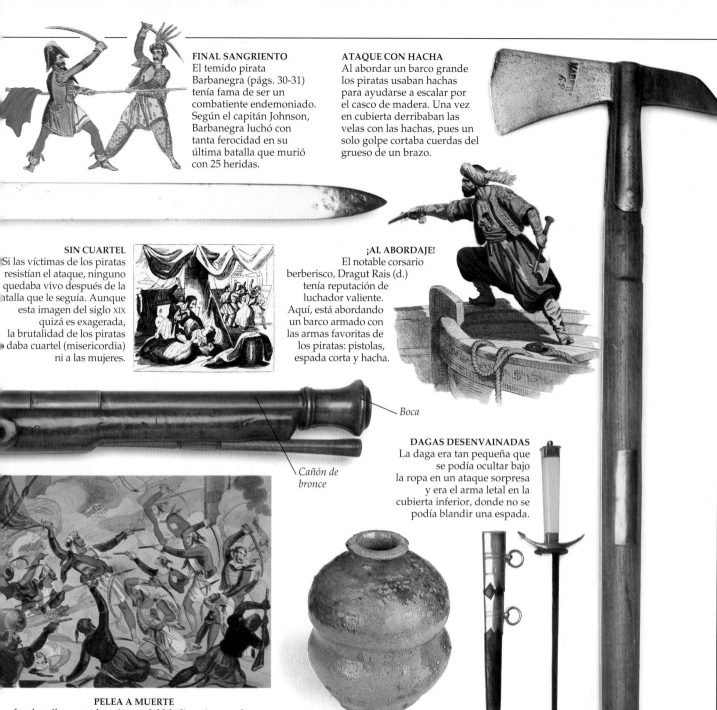

FINAL SANGRIENTO
El temido pirata Barbanegra (págs. 30-31) tenía fama de ser un combatiente endemoniado. Según el capitán Johnson, Barbanegra luchó con tanta ferocidad en su última batalla que murió con 25 heridas.

ATAQUE CON HACHA
Al abordar un barco grande los piratas usaban hachas para ayudarse a escalar por el casco de madera. Una vez en cubierta derribaban las velas con las hachas, pues un solo golpe cortaba cuerdas del grueso de un brazo.

SIN CUARTEL
Si las víctimas de los piratas resistían el ataque, ninguno quedaba vivo después de la atalla que le seguía. Aunque esta imagen del siglo XIX quizá es exagerada, la brutalidad de los piratas o daba cuartel (misericordia) ni a las mujeres.

¡AL ABORDAJE!
El notable corsario berberisco, Dragut Rais (d.) tenía reputación de luchador valiente. Aquí, está abordando un barco armado con las armas favoritas de los piratas: pistolas, espada corta y hacha.

Boca

Cañón de bronce

DAGAS DESENVAINADAS
La daga era tan pequeña que se podía ocultar bajo la ropa en un ataque sorpresa y era el arma letal en la cubierta inferior, donde no se podía blandir una espada.

PELEA A MUERTE
Las batallas entre los piratas del Mediterráneo en los siglos XVI y XVII fueron en especial feroces, porque eran incitadas por dos grandes religiones opuestas entre sí. Las fuerzas cristianas (corsarios griegos en esta ilustración) luchaban no sólo por el botín, sino porque creían que Dios estaba de su parte. Sus oponentes otomanos eran musulmanes y pensaban lo mismo. Este grabado del siglo XIX capturó vívidamente la naturaleza del conflicto.

GRANDES BOLAS DE FUEGO
Lanzadas desde lo alto del foque de un barco pirata, las granadas caseras iniciaban un fuego que se esparcía con rapidez. Una mezcla de brea y jirones llenaba la bomba, creando una cortina de humo, confusión y pánico.

ÚAS PARA PIES DESCALZOS
s corsarios franceses a veces arrojaban tos perversos abrojos o púas sobre cubierta al abordar un barco. Como s marineros trabajaban descalzos para resbalar sobre las cubiertas mojadas, s púas podían infligir heridas rribles si las pisaban.

Púas en ángulo para que una siempre apunte hacia arriba

GRANDES CAÑONES
Disparar un cañón requería una rígida disciplina: incluso los mejores equipos de cañoneros de la armada necesitaban de 2 a 5 minutos para cargar y disparar. Los piratas raramente disparaban más de una vez por cañón antes de abordar.

Piratas del Caribe

Era un pirata de cuento, con mirada salvaje y una vena cruel; llevaba mechas encendidas en el cabello, bebía ron mezclado con pólvora y enrollaba su larga barba negra alrededor de sus orejas para lucir más amenazador. No era de sorprender que Barbanegra aterrara a los marineros del siglo XVIII, ¿e incluso a su propia tripulación? Era la imagen típica de una nueva casta de piratas sucesores de los bucaneros. Durante el siglo XVII algunas islas del Caribe alojaron a los bucaneros, pero se volvieron cada vez más ingobernables y fueron expulsados de sus fortalezas. Muchos encontraron trabajo como corsarios durante las guerras de principios del siglo XVIII. Pero cuando se hizo la paz, la libertad y las aventuras de los piratas aún eran atractivas. La mayoría continuaron saqueando barcos de todas las banderas en puntos tan lejos como Madagascar y el océano Índico. Surgieron nuevos puertos piratas en las Bahamas y en América.

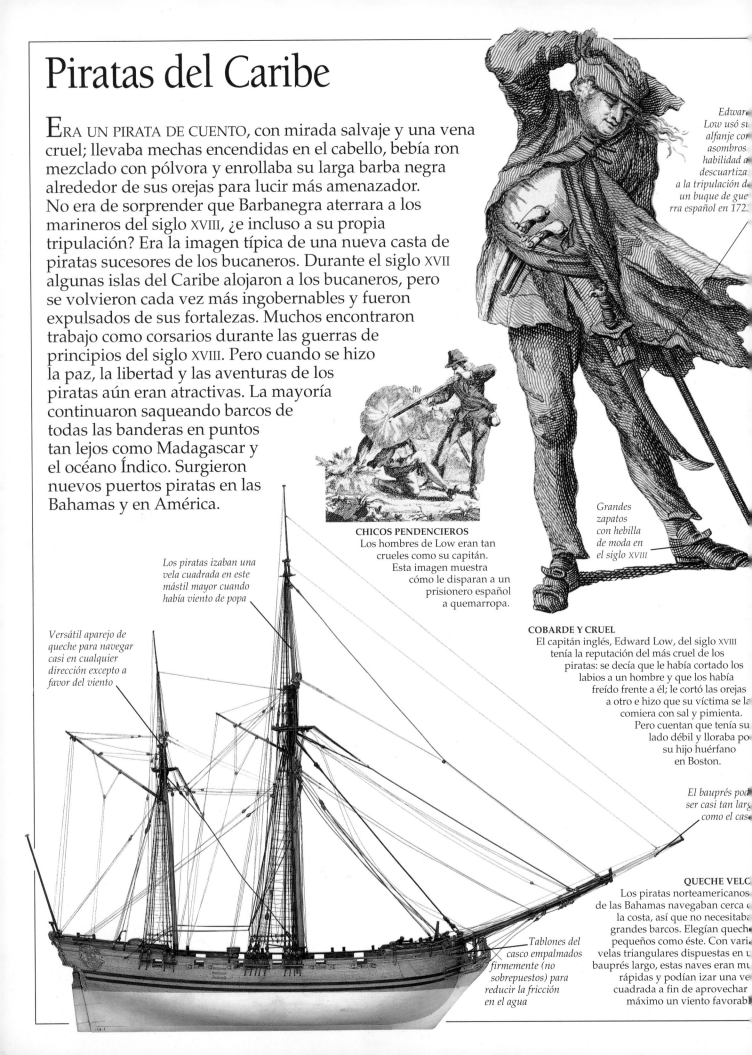

Edwar[d] Low usó s[u] alfanje co[n] asombros[a] habilidad a[l] descuartiza[r] a la tripulación d[e] un buque de gue rra español en 172[3]

CHICOS PENDENCIEROS
Los hombres de Low eran tan crueles como su capitán. Esta imagen muestra cómo le disparan a un prisionero español a quemarropa.

Grandes zapatos con hebilla de moda en el siglo XVIII

COBARDE Y CRUEL
El capitán inglés, Edward Low, del siglo XVIII tenía la reputación del más cruel de los piratas: se decía que le había cortado los labios a un hombre y que los había freído frente a él; le cortó las orejas a otro e hizo que su víctima se la[s] comiera con sal y pimienta. Pero cuentan que tenía su lado débil y lloraba po[r] su hijo huérfano en Boston.

Los piratas izaban una vela cuadrada en este mástil mayor cuando había viento de popa

Versátil aparejo de queche para navegar casi en cualquier dirección excepto a favor del viento

El bauprés pod[ía] ser casi tan larg[o] como el cas[co]

Tablones del casco empalmados firmemente (no sobrepuestos) para reducir la fricción en el agua

QUECHE VELO[Z]
Los piratas norteamericanos de las Bahamas navegaban cerca d[e] la costa, así que no necesitaba[n] grandes barcos. Elegían queche[s] pequeños como éste. Con vari[as] velas triangulares dispuestas en u[n] bauprés largo, estas naves eran mu[y] rápidas y podían izar una ve[la] cuadrada a fin de aprovechar [al] máximo un viento favorabl[e]

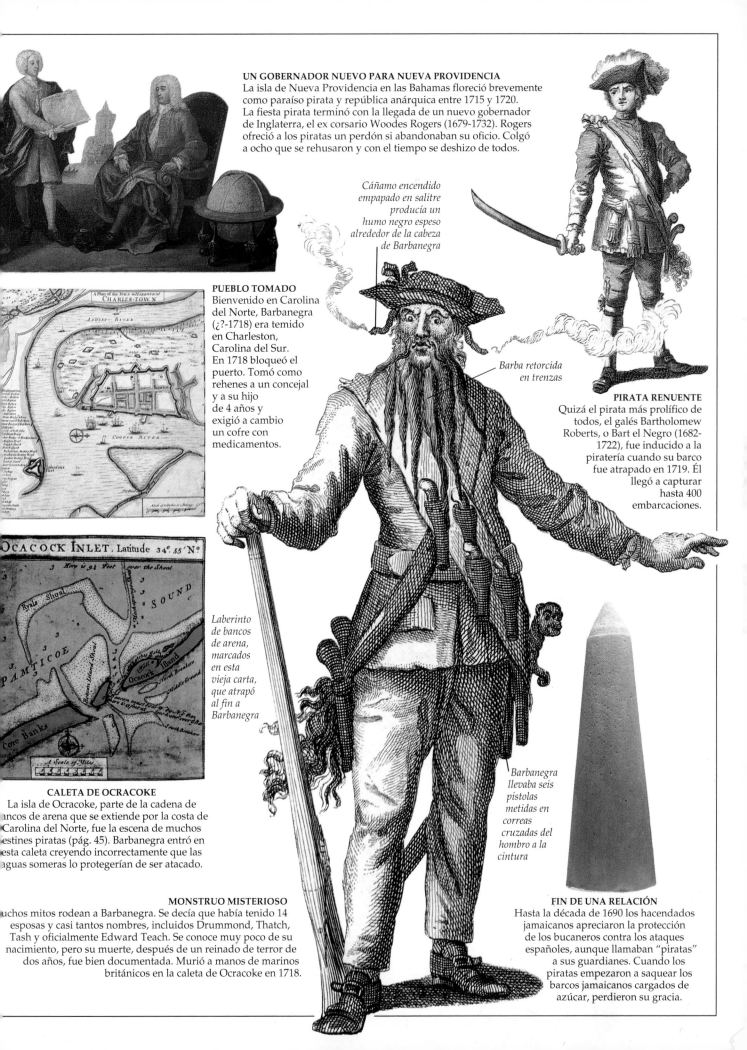

UN GOBERNADOR NUEVO PARA NUEVA PROVIDENCIA
La isla de Nueva Providencia en las Bahamas floreció brevemente como paraíso pirata y república anárquica entre 1715 y 1720. La fiesta pirata terminó con la llegada de un nuevo gobernador de Inglaterra, el ex corsario Woodes Rogers (1679-1732). Rogers ofreció a los piratas un perdón si abandonaban su oficio. Colgó a ocho que se rehusaron y con el tiempo se deshizo de todos.

Cáñamo encendido empapado en salitre producía un humo negro espeso alrededor de la cabeza de Barbanegra

PUEBLO TOMADO
Bienvenido en Carolina del Norte, Barbanegra (¿?-1718) era temido en Charleston, Carolina del Sur. En 1718 bloqueó el puerto. Tomó como rehenes a un concejal y a su hijo de 4 años y exigió a cambio un cofre con medicamentos.

Barba retorcida en trenzas

PIRATA RENUENTE
Quizá el pirata más prolífico de todos, el galés Bartholomew Roberts, o Bart el Negro (1682-1722), fue inducido a la piratería cuando su barco fue atrapado en 1719. Él llegó a capturar hasta 400 embarcaciones.

Laberinto de bancos de arena, marcados en esta vieja carta, que atrapó al fin a Barbanegra

CALETA DE OCRACOKE
La isla de Ocracoke, parte de la cadena de bancos de arena que se extiende por la costa de Carolina del Norte, fue la escena de muchos festines piratas (pág. 45). Barbanegra entró en esta caleta creyendo incorrectamente que las aguas someras lo protegerían de ser atacado.

Barbanegra llevaba seis pistolas metidas en correas cruzadas del hombro a la cintura

MONSTRUO MISTERIOSO
Muchos mitos rodean a Barbanegra. Se decía que había tenido 14 esposas y casi tantos nombres, incluidos Drummond, Thatch, Tash y oficialmente Edward Teach. Se conoce muy poco de su nacimiento, pero su muerte, después de un reinado de terror de dos años, fue bien documentada. Murió a manos de marinos británicos en la caleta de Ocracoke en 1718.

FIN DE UNA RELACIÓN
Hasta la década de 1690 los hacendados jamaicanos apreciaron la protección de los bucaneros contra los ataques españoles, aunque llamaban "piratas" a sus guardianes. Cuando los piratas empezaron a saquear los barcos jamaicanos cargados de azúcar, perdieron su gracia.

Mujeres piratas

La PIRATERÍA ERA UN MUNDO DE HOMBRES, al igual que los negocios, el arte y la política del siglo XVIII. Así que las mujeres que soñaban con recorrer los mares bajo la bandera pirata debían convertirse en hombres, o por lo menos vestirse, pelear, beber y jurar como uno. Aquellas que tuvieron éxito escaparon a la mirada de la historia; hoy sólo sabemos de las que no se enmascararon. Las hazañas temerarias de las piratas Mary Read y Anne Bonny parecen asombrosas, pero no son de sorprender. Formaban parte de un largo linaje de mujeres aventureras que se vestían como hombres para recibir trato igual. Como muchas de sus contemporáneas, Read y Bonny poseían valor y fortaleza. Peleando una al lado de la otra, este formidable dúo amilanaba tanto a piratas como a marinos.

MARY READ
La pirata inglesa Mary Read (1690-1720) se dio cuenta de que era más fácil abrirse paso en la vida vestida como hombre. Peleó en el ejército y la armada ingleses y cuando los piratas de Rackham capturaron su barco trasatlántico, se unió a ellos. El valor de Read avergonzaba a los piratas con los que navegaba. Durante un ataque, todos menos uno se ocultaron; y cuando no salieron a "pelear como hombres", Read mató a los cobardes.

LA TERRIBLE ALVILDA
Una de las primeras capitanas piratas fue Alvilda, una goda proveniente del sur de Suecia, antes de los vikingos. Salió a alta mar con una tripulación femenina sólo para evitar el matrimonio con el príncipe danés Alf.

UN ALFANJE SOBRE EL RESTO
Cuando un compañero pirata amenazó a su amado, Mary Read lo retó a duelo. Ella despachó con facilidad a su adversario atravesándolo con su alfanje.

CALICO JACK
Desde 1718 "Calico" Jack Rackham (i.) y Anne Bonny fueron piratas y amantes en el Caribe, luego se les unió Mary Read. Los tres fueron capturados cuando el barco de Rackham fue sorprendido por una balandra inglesa frente a Jamaica. Bonny y Read fueron las únicas, de la intoxicada tripulación, con valor para repeler el ataque, pero fueron capturadas. En 1720 los piratas fueron sentenciados a muerte. Cuando Rackham se dirigía a la horca, Bonny le dijo: "¡Si hubieras peleado como hombre, no te colgarían como perro!".

Faja en color rojo: la favorita de las piratas

VESTIDO PIRATA
La mayoría de los barcos piratas no admitía mujeres, así que Mary Read y Anne Bonny tenían que vestirse con ropas como éstas. Las descripciones de la ropa de las mujeres difieren: un escritor aseguró que ocultaron su identidad hasta el momento del juicio. Pero otros testigos aseguraban que usaban ropa de hombre sólo para luchar.

Zapato con hebilla de moda en el siglo XVIII

Pantalones de algodón grueso con botones de hueso

¿UN DISFRAZ BRILLANTE?

El corte suelto del saco de pirata (ab.) engañaba a sus compañeros piratas, pero no podía ocultar por completo las formas femeninas de Read y Bonny ante la mirada aguda de otra mujer. Cuando atacaron un barco mercante, la pasajera Dorothy Thomas comentó: "Por lo pronunciado de sus senos, creo que eran mujeres".

Corbatín de lino para el cuello

Saco azul de corte suelto

Sombrero tipo turbante que usaban piratas y otros navegantes

ESGRIMÍAN EL HACHA

Retratos de Anne Bonny y Mary Read las muestran armadas con hachas de abordaje como ésta. El hecho de que pudieran blandir estas pesadas herramientas sugiere que tenían la fuerza para realizar cualquier tarea a bordo del barco.

La reina pirata Ching Shih luchaba con daga y alfanje

CHING SHIH

A principios del siglo XIX, una enorme flota pirata aterrorizó el Mar de China. Su comandante era la brillante pirata Ching Shih. Las capitanas no eran inusuales, pero lo vasto del imperio de Ching Shih sí lo era; controlaba 1,800 naves y a alrededor de 80,000 piratas.

Cinturón de cuero de guerrero, o tahalí, para portar el alfanje

Camisa de marinero en lino a cuadros azules y blancos

Pistola de llave de chispa

DAGAS AFUERA

La vida de Charlotte de Berry como pirata se inició cuando dirigió un motín contra un capitán cruel que la había violado. Degolló al capitán con una afilada daga.

CHARLOTTE DE BERRY

Charlotte de Berry (d.) nació en Inglaterra en 1636 y creció soñando con la vida del mar. Vestida como hombre siguió a su esposo en la armada. Más tarde, obligada a abordar un barco africano, Charlotte dirigió un motín y tomó el mando. Se convirtieron en piratas y capturaban barcos con oro en la costa africana.

ANNE BONNY

Cuando Anne Bonny (d.) conoció al pirata Jack Rackham, dejó a su esposo marinero para llevar una vida de pirata vestida como hombre. Bonny se enamoró por accidente de Mary Read cuando se unió a la tripulación de Rackham. Read contó a Bonny su secreto y se volvieron amigas inseparables. Cuando los piratas de Rackham fueron capturados, ambas escaparon a la pena de muerte por estar embarazadas.

La bandera pirata

HECHURA DE LEYENDA
La bandera de Henry Avery (pág. 47) refleja el estilo de calavera y huesos cruzados de la bandera pirata legendaria. En el siglo XVII la calavera con huesos se usaba comúnmente para representar la muerte y fue adoptada por los piratas hacia fines de siglo. Sin embargo, la calavera con huesos no era un emblema pirata estándar; cada pirata tenía su propio diseño particular de bandera pirata.

LÁPIDA GRABADA
Quizá los piratas tomaron sus símbolos de las lápidas sepulcrales, como este ejemplo de Escocia del siglo XVIII.

Blasonada con emblemas de muerte, la bandera pirata advertía a las víctimas de los piratas que se rindieran sin pelea. Aunque infundía terror en los marineros, era menos temida que una bandera roja, que significaba la muerte para todos los que la vieran. Esta sangrienta bandera significaba que los piratas no darían cuartel (piedad) en la batalla. Pero la amenazadora bandera pirata por lo general servía a su propósito. Algunas tripulaciones defendían su barco con valentía, pero con frecuencia los marineros preferían rendirse, uniéndose a veces a los piratas. De cualquier forma trabajaban a morir y al borde del motín, y la piratería ofrecía libertad y quizá riquezas.

PRESAGIO DE UNA CIMITARRA
La espada siempre ha sido símbolo de poder, así que el mensaje de la bandera de Thomas Tew (pág. 47) era claro para todos. Sin embargo, elegir una cimitarra asiática parece haber sido desafortunado para Tew, ya que una espada similar le arrebató la vida en una batalla por el barco indio *Futteh Mahmood* en 1695.

EL TIEMPO VUELA
El reloj de arena aparece en muchas banderas pirata. En la del pirata Christopher Moody (1694-1722), como en muchas lápidas de la época, aparece con alas para mostrar lo rápido que caía la arena. Símbolo tradicional de muerte, el reloj de arena advertía a los marineros que el tiempo para rendirse era limitado.

No todas las banderas eran en blanco y negro

Los piratas fingían ser pasajeras para engañar a su presa

MAESTROS DEL ENGAÑO
Los piratas podían salir mal librados de una batalla naval convencional, así que dependían del engaño y el terror para atrapar a su presa. Al aproximarse un blanco, ondeaban una bandera amistosa y en el último minuto izaban la bandera pirata para aterrorizar a sus víctimas, a fin de que se rindieran sin pelear. Si esto fallaba, lanzaban un ataque sorpresa, abordaban la nave y sometían a la tripulación.

UNA COSTURERA PIRATA
Las banderas pirata eran rudimentarias, hechas por un fabricante de velas o por cualquier miembro de la tripulación diestro con la aguja. Los piratas de Nueva Providencia pagaban su hechura con ron a la viuda de un fabricante de velas.

LA BANDERA TEMERARIA
Las piratas Mary Read y Anne Bonny (págs. 32-33) quizá pelearon bajo este emblema de una calavera y espadas cruzadas. Fue la bandera del pirata Jack Rackham (pág. 32). Sin embargo, Rackham no era tan temerario como su bandera sugería. Cuando la armada inglesa atacó su barco, se escondió en la bodega con el resto de sus hombres ebrios, dejando a las dos mujeres pelear solas.

EL SANGUINARIO BARBANEGRA
La bandera de Barbanegra (pág. 30) tiene un esqueleto de diablo con un reloj de arena, una flecha y un corazón sangrante. Quizá el término Jolly Roger en inglés para las banderas piratas sea por el diablo (El viejo Roger) o procede de *Jolie Rouge*, rojo bonito en francés.

LA FORTUNA FAVORECE A LOS VELOCES
Los barcos pirata y los de sus víctimas variaban en gran medida, así que no había un solo método de ataque. Sin embargo, los piratas generalmente no tenían problema en capturar su presa, por sus veloces barcos; los navíos mercantes que acechaban eran más pesados y lentos debido a la carga.

BEBIENDO CON LA MUERTE
Bartholomew Roberts (pág. 39) brindaba con la muerte en su bandera. También tenía una segunda bandera, la cual lo mostraba con dos calaveras a los lados y las siglas ABH y AMH ("A Barbadian's Head" y "A Martinican's Head"), promesa de venganza contra Barbados y Martinica, que osaron desafiarlo.

Tesoro pirata

Cuando los piratas abordaban un barco muy cargado esperaban encontrar una bodega llena de oro. Si tenían suerte, la tripulación completa podía volverse rica más allá de sus sueños. Cuando Thomas Tew (pág. 47) saqueó un barco en el océano Índico en 1693, cada miembro de la tripulación recibió una parte valuada en 3,000 libras y para las normas de la época, todos se volvieron millonarios (un marinero ingles ganaba 1 libra al mes). Dichas fortunas eran excepcionales. Más a menudo la tripulación pirata compartía tesoros más modestos o peor aún, descubrían una bodega llena de granos.

Pendiente de cruz con zafiro rosa

DAGA LUJOSA
Cuando la carga no ameritaba el saqueo, los piratas contendían por robarles a los pasajeros sus artículos de valor. Una elaborada daga como ésta era demasiado buena para pelear con ella, pero se vendería a buen precio.

LA X MARCA EL LUGAR
Tesoros piratas enterrados son en su mayoría mitos románticos, aunque William Kidd (pág. 46) (d.) sí enterró un tesoro en la isla Gardiner frente a la punta este de Long Island, Nueva York. Fue recuperado.

Sala-mandra de esme-ralda

Relicario en san-guinaria

Sujetador de abanico

Zafiro rosa

"Real de a ocho" o peso español

ORO ESPAÑOL
El botín preferido de los piratas era el oro o la plata españoles. Un doblón de oro español valía alrededor de siete semanas de jornada de un marinero raso. Un "real de a ocho" de plata podía partirse para tener cambio.

Doblón de oro

Malaquita

Cruz de zafiro rosa

Los piratas habrían forzado la tapa de esta caja fuerte de cerraduras múltiples

Cofre de dinero inglés de fines del siglo XVI

Anillo con sello real

Rubí

Granate

Amatista

Ru gra

Cruz de esmalte

JOYAS PARA MORIRSE
Dividir una carga de piedras preciosas no era fácil. El saqueo de John Taylor a un barco de las Indias Orientales portuguesas en 1721 le redituó a cada miembro de su tripulación 4,000 libras y 42 diamantes pequeños. Un pirata recibió uno grande en lugar de 42 pequeños; a disgusto con su parte, ¡lo partió en pedazos con un martillo!

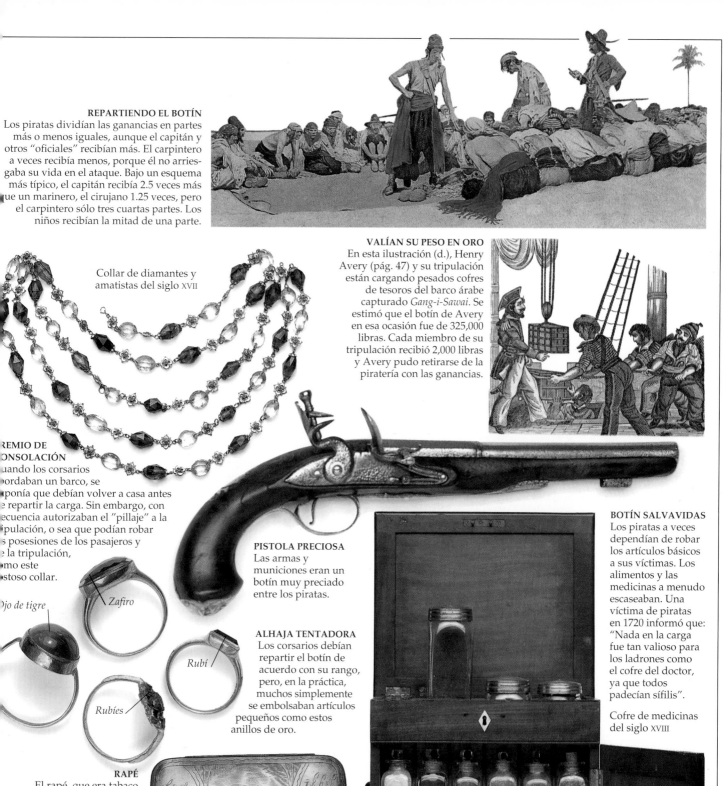

REPARTIENDO EL BOTÍN

Los piratas dividían las ganancias en partes más o menos iguales, aunque el capitán y otros "oficiales" recibían más. El carpintero a veces recibía menos, porque él no arriesgaba su vida en el ataque. Bajo un esquema más típico, el capitán recibía 2.5 veces más que un marinero, el cirujano 1.25 veces, pero el carpintero sólo tres cuartas partes. Los niños recibían la mitad de una parte.

Collar de diamantes y amatistas del siglo XVII

VALÍAN SU PESO EN ORO

En esta ilustración (d.), Henry Avery (pág. 47) y su tripulación están cargando pesados cofres de tesoros del barco árabe capturado *Gang-i-Sawai*. Se estimó que el botín de Avery en esa ocasión fue de 325,000 libras. Cada miembro de su tripulación recibió 2,000 libras y Avery pudo retirarse de la piratería con las ganancias.

REMIO DE ONSOLACIÓN

uando los corsarios ordaban un barco, se ponía que debían volver a casa antes e repartir la carga. Sin embargo, con ecuencia autorizaban el "pillaje" a la ripulación, o sea que podían robar s posesiones de los pasajeros y e la tripulación, mo este stoso collar.

Ojo de tigre

Zafiro

Rubí

Rubíes

PISTOLA PRECIOSA

Las armas y municiones eran un botín muy preciado entre los piratas.

ALHAJA TENTADORA

Los corsarios debían repartir el botín de acuerdo con su rango, pero, en la práctica, muchos simplemente se embolsaban artículos pequeños como estos anillos de oro.

BOTÍN SALVAVIDAS

Los piratas a veces dependían de robar los artículos básicos a sus víctimas. Los alimentos y las medicinas a menudo escaseaban. Una víctima de piratas en 1720 informó que: "Nada en la carga fue tan valioso para los ladrones como el cofre del doctor, ya que todos padecían sífilis".

Cofre de medicinas del siglo XVIII

RAPÉ

El rapé, que era tabaco finamente molido, se puso de moda alrededor de 1680 en el clímax de la actividad ucanera en la zona del Caribe. Los pasajeros adinerados a menudo llevaban cajas de apé muy elaboradas que eran atractivas a los saqueadores.

Granate

Caja de rapé de aleación de cobre

Ópalo

Piratas y esclavitud

CUANDO LOS PIRATAS CAPTURABAN un barco mercante, a veces descubrían un cargamento de miseria humana. En la bodega había cientos de esclavos africanos que se dirigían a las colonias americanas. El tráfico de esclavos fue un gran negocio en los siglos XVII y XVIII; en América los esclavos se vendían a 10 ó 15 veces su costo en África. Estas ganancias atrajeron a los piratas. Algunos se volvieron traficantes de esclavos y otros vendían los cargamentos completos. Muchos cruzaban la línea entre esclavista, corsario y pirata y en la década de 1830 el término "pícaro" ya significaba "pirata" y "esclavista". Después de 1815, la Armada Británica bloqueó el paso de los barcos de esclavos en el Atlántico, dando fin a este comercio.

YUGO CRUEL
Este collar de hierro fue diseñado para evitar que un esclavo escapara entre los arbustos. Los salvajes castigos para los recapturados desalentaban la fuga.

Cadena pesada

CARRERA DESHONROSA
John Hawkins (1532-1595) fue el primer corsario inglés en percatarse de que el comercio de esclavos era un gran negocio. En 1562 hizo el primero de tres viajes como esclavista, navegando de Inglaterra a África Occidental, donde cargaba 300 esclavos para luego dirigirse al Caribe y vender su carga humana en la isla de La Española.

COMPRA DE ESCLAVOS
Los traficantes europeos compraban esclavos a los jefes africanos con bienes baratos o barras de hierro, bronce y cobre llamadas manillas, usadas como dinero en África.

Manillas

REVUELTA DE ESCLAVOS
Superados en número por los esclavos, la tripulación de un barco de esclavos vivía en constante temor de una revuelta. Cualquier rebelión era salvajemente reprimida, pero había poca oportunidad de escapar de un barco de esclavos. Las probabilidades de los esclavos eran mayores si escapaban de una plantación.

La barra se proyecta desde el cuello

TRIÁNGULO DEL COMERCIO DE ESCLAVOS
Los barcos de esclavos partían de Inglaterra o América con cargas de bienes baratos. En África, éstas eran intercambiadas por esclavos y los barcos zarpaban rumbo al Caribe (zona que representaba la mitad del trayecto). En islas como Jamaica, los esclavos eran intercambiados por azúcar, melaza o madera antes de volver a casa. En cada etapa había ganancias.

El diagrama muestra las condiciones inhumanas de confinamiento en un barco.

BARCO DE LA MUERTE
Muchos esclavos morían en el trayecto hacia el Caribe, así que los esclavistas metían tantos esclavos como fuera posible en la bodega. Sin higiene, las enfermedades se esparcían pronto y los muertos yacían por días junto a los vivos.

Ganchos diseñados para atorarse y evitar una fuga a través de los arbustos

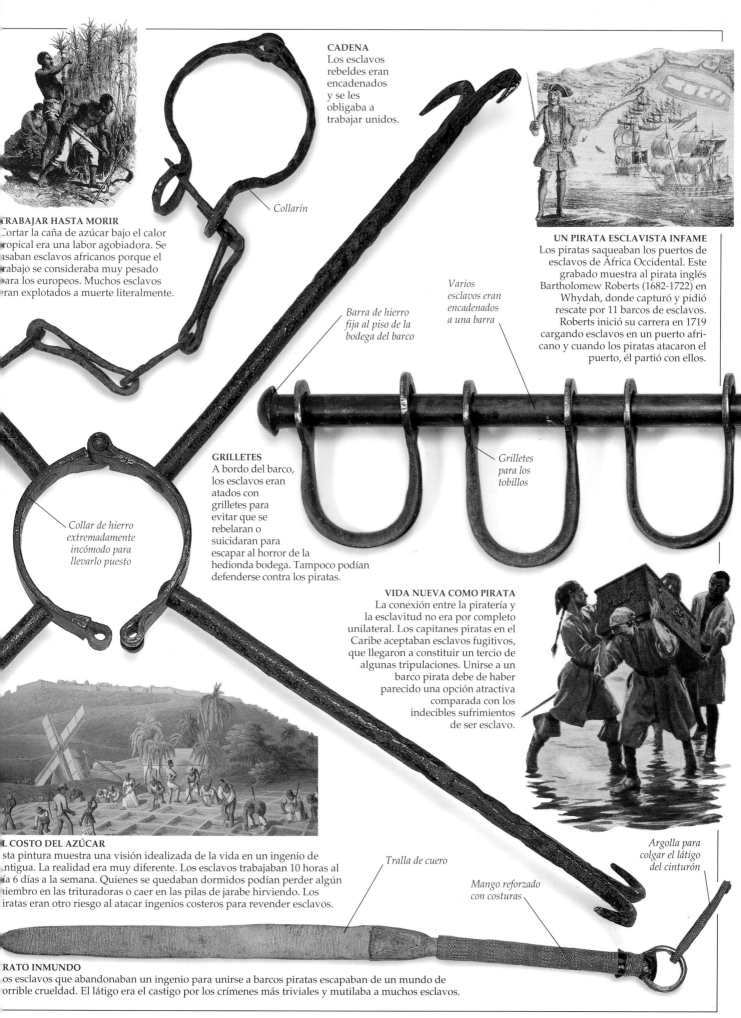

CADENA
Los esclavos rebeldes eran encadenados y se les obligaba a trabajar unidos.

Collarín

TRABAJAR HASTA MORIR
Cortar la caña de azúcar bajo el calor tropical era una labor agobiadora. Se usaban esclavos africanos porque el trabajo se consideraba muy pesado para los europeos. Muchos esclavos eran explotados a muerte literalmente.

UN PIRATA ESCLAVISTA INFAME
Los piratas saqueaban los puertos de esclavos de África Occidental. Este grabado muestra al pirata inglés Bartholomew Roberts (1682-1722) en Whydah, donde capturó y pidió rescate por 11 barcos de esclavos. Roberts inició su carrera en 1719 cargando esclavos en un puerto africano y cuando los piratas atacaron el puerto, él partió con ellos.

Barra de hierro fija al piso de la bodega del barco

Varios esclavos eran encadenados a una barra

Grilletes para los tobillos

GRILLETES
A bordo del barco, los esclavos eran atados con grilletes para evitar que se rebelaran o suicidaran para escapar al horror de la hedionda bodega. Tampoco podían defenderse contra los piratas.

Collar de hierro extremadamente incómodo para llevarlo puesto

VIDA NUEVA COMO PIRATA
La conexión entre la piratería y la esclavitud no era por completo unilateral. Los capitanes piratas en el Caribe aceptaban esclavos fugitivos, que llegaron a constituir un tercio de algunas tripulaciones. Unirse a un barco pirata debe de haber parecido una opción atractiva comparada con los indecibles sufrimientos de ser esclavo.

EL COSTO DEL AZÚCAR
Esta pintura muestra una visión idealizada de la vida en un ingenio de Antigua. La realidad era muy diferente. Los esclavos trabajaban 10 horas al día 6 días a la semana. Quienes se quedaban dormidos podían perder algún miembro en las trituradoras o caer en las pilas de jarabe hirviendo. Los piratas eran otro riesgo al atacar ingenios costeros para revender esclavos.

Tralla de cuero

Mango reforzado con costuras

Argolla para colgar el látigo del cinturón

TRATO INMUNDO
Los esclavos que abandonaban un ingenio para unirse a barcos piratas escapaban de un mundo de horrible crueldad. El látigo era el castigo por los crímenes más triviales y mutilaba a muchos esclavos.

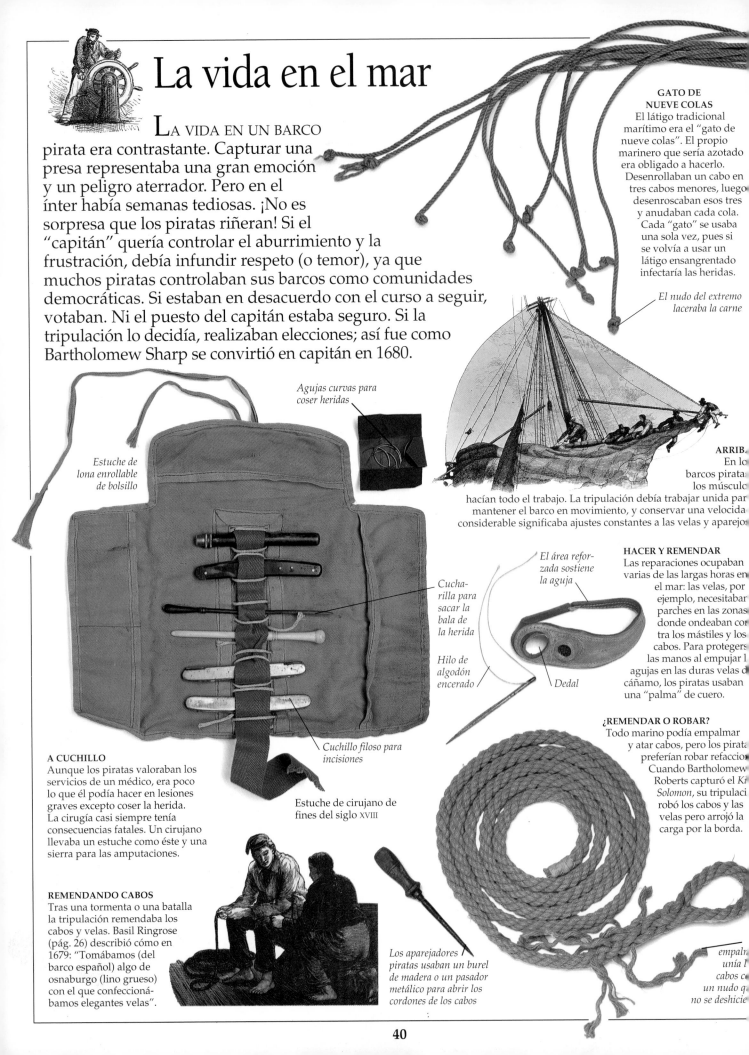

La vida en el mar

LA VIDA EN UN BARCO pirata era contrastante. Capturar una presa representaba una gran emoción y un peligro aterrador. Pero en el ínter había semanas tediosas. ¡No es sorpresa que los piratas riñeran! Si el "capitán" quería controlar el aburrimiento y la frustración, debía infundir respeto (o temor), ya que muchos piratas controlaban sus barcos como comunidades democráticas. Si estaban en desacuerdo con el curso a seguir, votaban. Ni el puesto del capitán estaba seguro. Si la tripulación lo decidía, realizaban elecciones; así fue como Bartholomew Sharp se convirtió en capitán en 1680.

GATO DE NUEVE COLAS
El látigo tradicional marítimo era el "gato de nueve colas". El propio marinero que sería azotado era obligado a hacerlo. Desenrollaban un cabo en tres cabos menores, luego desenroscaban esos tres y anudaban cada cola. Cada "gato" se usaba una sola vez, pues si se volvía a usar un látigo ensangrentado infectaría las heridas.

El nudo del extremo laceraba la carne

Agujas curvas para coser heridas

Estuche de lona enrollable de bolsillo

ARRIB
En lo barcos pirata los músculo hacían todo el trabajo. La tripulación debía trabajar unida par mantener el barco en movimiento, y conservar una velocida considerable significaba ajustes constantes a las velas y aparejo

Cucharilla para sacar la bala de la herida

Hilo de algodón encerado

El área reforzada sostiene la aguja

HACER Y REMENDAR
Las reparaciones ocupaban varias de las largas horas en el mar: las velas, por ejemplo, necesitabar parches en las zonas donde ondeaban con tra los mástiles y los cabos. Para protegers las manos al empujar l agujas en las duras velas d cáñamo, los piratas usaban una "palma" de cuero.

Dedal

¿REMENDAR O ROBAR?
Todo marino podía empalmar y atar cabos, pero los pirata preferían robar refaccio Cuando Bartholomew Roberts capturó el *Ki Solomon*, su tripulaci robó los cabos y las velas pero arrojó la carga por la borda.

Cuchillo filoso para incisiones

A CUCHILLO
Aunque los piratas valoraban los servicios de un médico, era poco lo que él podía hacer en lesiones graves excepto coser la herida. La cirugía casi siempre tenía consecuencias fatales. Un cirujano llevaba un estuche como éste y una sierra para las amputaciones.

Estuche de cirujano de fines del siglo XVIII

REMENDANDO CABOS
Tras una tormenta o una batalla la tripulación remendaba los cabos y velas. Basil Ringrose (pág. 26) describió cómo en 1679: "Tomábamos (del barco español) algo de osnaburgo (lino grueso) con el que confeccioná-bamos elegantes velas".

Los aparejadores piratas usaban un burel de madera o un pasador metálico para abrir los cordones de los cabos

empaln unía l cabos c un nudo q no se deshicie

Los cabos limpios sugieren que este "gato" nunca se usó

Contrato pirata

Algunas tripulaciones piratas tenían un código de conducta. Estas reglas, del libro de Charles Johnson del siglo XVIII sobre piratas (pág. 61), son típicas:

I Todo hombre puede votar cuando sea pertinente; tiene igual derecho a alimentos frescos o licores fuertes.

II Nadie puede jugar a las cartas o a los dados por dinero.

III Las luces y las velas deben apagarse a las ocho de la noche.

IV Mantener el mosquete, pistolas y alfanje limpios y listos.

V No se permiten mujeres ni niños.

VI Desertar durante una batalla se castiga con la muerte o con el abandono.

Cabo cubierto de tela para formar el mango

UN AZOTAMIENTO
Cuando capturaban una embarcación, los piratas trataban a los oficiales igual que éstos habían tratado a su tripulación. Los capitanes que habían impuesto una dura disciplina, con azotes por ofensas mínimas, podían recibir una cucharada de su propio chocolate a bordo de la nave pirata.

Brazo de la verga

Los falconetes se apuntaban y cargaban rápido, pero tenían corto alcance

La bandera británica (insignia roja) era una de las que ondeaban

El capitán y algunos "oficiales" tenían camarotes en la popa

Barriles de agua potable (o de rocas y arena) ayudaban a equilibrar el barco

Bajo la cubierta estaba abarrotado, pues la tripulación pirata debía bastar para capturar los barcos

BUQUE INSIGNIA PIRATA
Los barcos piratas variaban en gran medida. La pequeña y rápida balandra era ideal para saquear la costa, pero naves mucho mayores, como este buque de cruz de tres palos, eran mucho más seguras en mar abierto. El tamaño por sí mismo era suficiente para asustar a muchas posibles víctimas de los piratas. Este dibujo está basado en el *Whydah* (uno de los pocos pecios conocidos de un barco pirata) que se hundió frente a Wellfleet, Massachusetts en 1717.

AMIGO PELUDO
Todo barco pirata albergaba una población de ratas. Representaban más que una simple molestia, porque devoraban la comida y podían abrirse paso royendo el casco y hundiendo el barco.

Comida a bordo

"¡¿Tortuga cocida de nuevo?!" El menú era reducido en alta mar: cuando había carne fresca, por lo general era de tortuga. Cuando no había tortuga ni pescado, los piratas sobrevivían con galletas o carne seca, que se pasaban con cerveza o vino. Sin embargo, la monotonía era preferible a la inanición cuando los piratas enfrentaban un hundimiento o falta de viento. Entonces podían comer sus bolsos, o incluso a otros piratas. Dicen que cuando la comida se agotó en el barco de Charlotte de Berry (pág. 33), ¡la tripulación se comió dos esclavos negros y luego a su esposo!

ATÚN DELICIOSO
En el Caribe, los piratas podían atrapar peces con relativa facilidad. Basil Ringrose registró en este diario bucanero que: "El mar aquí bulle de toda clase de peces, como delfines, bonitos, albacoras, lisas y pámpanos, etc. que se acercan nadando a nuestro barco en grandes bancos".

PRESAS DÓCILES
Los piratas vivían de la tierra y el mar. En islas remotas, los animales y las aves no estaban acostumbrados a ser cazados y a menudo eran dóciles. Los piratas podían atraparlos con las manos.

Marineros del siglo XVI cazando tórtolas

APROVISIONAMIENTO DE UN BARCO
Incluso lejos de un puerto, una isla bien elegida podía brindar provisiones a los piratas. Estos bucaneros están reaprovisionando su barco con carne fresca, agua y madera. En su diario de la vida de un bucanero (pág. 26), Ringrose relata: "Habiéndonos establecido en esta isla, resolvimos adentrarnos, reabastecernos y atrapar algunas cabras salvajes".

BOLSOS HERVIDOS
En 1670 la banda de bucaneros de Henry Morgan (pág. 27), casi en la inanición, resolvieron ¡comer sus bolsos! Uno de ellos dejó la receta: "Corte la piel en pedazos, luego remoje, bata y frote entre piedras para que se ablande. Raspe para retirar el pelo y rostice o ase. Corte en pedazos más pequeños y sirva con mucha agua".

El pesado caparazón las hace lentas en tierra

CAZADORES DE TORTUGAS
El capitán Johnson (pág. 61) recuerda que: "La manera de atraparlas [tortugas] es muy particular… Cuando salen a tierra, los hombres… las voltean sobre su lomo… y las dejan ahí hasta la mañana siguiente, donde las encontrarán ya que no pueden voltearse ni moverse de ahí".

Aletas grandes para nadar

PRESA DE PIRATAS
Las tortugas eran abundantes en todo el Caribe y proveían una de las fuentes de carne fresca disponible para los piratas. Ágiles en el agua, las tortugas eran lentas en tierra y presa fácil para los piratas. A bordo del barco, el cocinero podía mantener vivas a las tortugas en la bodega hasta que fuera hora de cocinarlas. Los huevos de tortuga también eran un manjar popular de los piratas.

HUEVO FRESCO
Como otros
barcos de los siglos XVII y XVIII,
las naves piratas llevaban gallinas
para tener huevos y carne frescos. El
apodo náutico para los huevos era
"cackle-fruit", por el cacareo distin-
tivo que hacen las gallinas al poner.

Huevo de ga-
llina: fuente
proteínica

*Galleta dura
preparada
con harina
y agua*

TACHUELAS
Las duraderas galletas marineras
eran básicas para los marineros.
Las llamaban "tachuelas" por
ser tan duras. A bordo del
barco, las galletas pronto se
infestaban de gorgojos, ¡así que
los piratas preferían comerlas
en la oscuridad!

**MEDICINA
PREVENTIVA**
En viajes
largos,
una dieta
pobre hacía
que los piratas
se enfermaran, por
ejemplo, de escorbuto, que es una
falta de vitamina C. Sin embargo,
en 1753 se descubrió que comer
fruta fresca, en especial limones,
podía prevenir el escorbuto.

Botella
para vino
o brandy,
bebidas
favoritas
de los
piratas

SERVIDO EN PLATO
Los piratas comían en
platos de peltre como
éste, pero no eran muy
conocidos por sus modales
a la mesa. Describiendo a
bucaneros, Exquemeling
(pág. 60) escribió: "Tal era
su hambre que más parecían
caníbales que europeos…,
muchas veces escurría
sangre por sus barbas".

*Plato de
peltre,
una aleación
de estaño y
plomo*

*Cuchillo costoso que debe de
haber sido robado de otro barco*

*El
tenedor
se dobla
por el
mango
para
guardarlo
en el
bolso*

CUCHILLO Y TENEDOR
Aunque a veces usaban tenedores, los
toscos piratas probablemente comían sólo
con cucharas y cuchillos o con las manos.

BOTELLA DE CERVEZA
Sin un método de conser-
vación, el agua de a bordo
pronto no podía beberse
los marineros preferían
la cerveza. Incluso los
buques de la armada
llevaban grandes
cantidades, aunque
por lo general
en barriles.

*A falta de
abridor, los
piratas rom-
pían el cuello
de la botella
con un alfanje*

Botella de
barro del
siglo XVII

COCINAR EN MARES EN CALMA
El barco del capitán Kidd (pág.
46), *The Adventure Galley* (ab.),
no tenía cocina, sólo un
caldero que era peligroso
usar en mares
tormentosos.

UN TARRO DE GROG
Con medio galón de vino en un tarro
de peltre, casi cualquier comida se volvía
poco más que tolerable.

La vida en tierra

EMBUTIDOS DURANTE MESES interminables en un barco apestoso y a menudo innavegable, piratas y bucaneros tenían tiempo de sobra para añorar la vida en tierra. Cuando llegaban a un puerto, muchos tenían riquezas suficientes para comprar prácticamente lo que desearan. Derrochaban su botín en bebidas, mujeres y juego, como un testigo ocular relató: "Algunos de estos piratas llegan a gastar dos o tres mil reales de a ocho en una noche, perdiendo hasta la camisa." Dos reales de a ocho compraban una vaca, así que los piratas jugaban el equivalente a una granja completa. No obstante, la vida en tierra no siempre era una juerga prolongada. Entre parranda y parranda siempre había trabajo que hacer. La tripulación debía carenar y reparar su barco, y llevar a bordo agua potable y provisiones para el siguiente viaje.

EL DINERO COMPRA AMOR
Casi todos los barcos piratas prohibían las mujeres, pero a menudo éstas subían a bordo cuando los barcos anclaban en un puerto. Después de un viaje largo, los piratas por lo general iban en busca de compañía femenina. Había muchas mujeres en los puertos del Caribe que con gusto compartían el botín de los piratas y se unían a sus parrandas salvajes.

El pesado mango requería ambas manos

Los piratas descansan y carenan su barco

LIMPIO Y CARENADO
Algas y bálanos crecían en el casco de los barcos, reduciendo la velocidad. Peor aún, los gusanos hacían orificios que podían hundir el barco. Los piratas resolvían el problema carenando su barco con regularidad, lo que implicaba anclar la nave para reparar el casco.

Mazo para golpear los cinceles

Formón de impacto

Mazo de calafateo

Formón menor

Formón de calafateo

Cucharón de brea

Hoja ancha para abrir las junturas deterioradas

Hoja angosta para embutir estopa nueva

Hoja angular para sacar la estopa vieja de las junturas

Azuela

Hoja dura como formón para carenar (desbastar bálanos y algas)

HERRAMIENTAS DEL OFICIO
Los barcos de madera requerían mantenimiento regular para conservarse navegables. Los piratas tenían herramientas como éstas para realizar trabajos esenciales. El calafateo (reparar las junturas de los tablones) era vital para mantener el barco sellado. Las junturas se descubrían, se tapaban con cabos desenredados o estopa y se sellaban con brea caliente.

Punta d embud para ver ter la brea caliente

Borde de plata

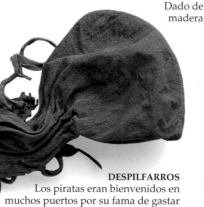

Baraja del siglo XVII que conmemora una famosa conspiración política

JUERGA DE MEDIA NOCHE
En esta ilustración, las tripulaciones de Barbanegra (págs. 30-31) y Charles Vane van de parranda a la isla Ocracoke frente a la costa de Carolina del Norte. No todos los puertos admitían a los piratas y las tripulaciones a menudo se detenían en algún escondite pirata favorito para celebrar un saqueo.

Dado de madera

UN MAZO DE CARTAS
Apostar estaba prohibido a bordo de muchos barcos piratas, quizá porque ocasionaba riñas. En tierra, los piratas podían despedirse pronto de su parte del botín a manos de estafadores.

ΤARROS NEGROS
Las tabernas de los muelles daban la bienvenida a los sedientos piratas. Ahí ellos se lavaban la sal de la garganta con cantidades abundantes de cerveza y vino, bebiendo quizá en *black jacks*, jarros de piel impermeables y rígidos con una capa de brea.

DESPILFARROS
Los piratas eran bienvenidos en muchos puertos por su fama de gastar dinero con salvaje despilfarro en cosas de poco valor.

BASE DE LOS BUCANEROS
Port Royal en Jamaica (ar.) era un imán para los piratas del siglo XVII que buscaban placer en tierra. Los gobernadores británicos daban la bienvenida a los piratas creyendo que su presencia protegería la isla de los ataques españoles. En 1692 Port Royal fue destruido por un terremoto que muchos creen fue por mandato divino como castigo.

PIPA DE LA PAZ
Fumar tabaco era un lujo de tierra. Los barcos de madera se incendiaban con facilidad, por eso la tripulación mascaba tabaco a bordo, en lugar de fumarlo.

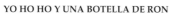

El cañón de la pipa se desprendió

Tapa para que no entren moscas

YO HO HO Y UNA BOTELLA DE RON
La reputación de los piratas como bandidos bebedores de ron era cierta. Bebían cualquier cosa que tuviera alcohol y muchos nunca estaban sobrios en tierra.
Un borrachín notable se compraba un barril de vino grande y colocándolo en la calle, obligaba a todo el que pasara a beber con él; los amenazaba con matarlos en caso de que no lo hicieran.

TARROS ARRIBA
El vidrio era costoso y frágil, por eso la mayoría de los taberneros recibía a los piratas con tarros de peltre. Éstos eran suficientemente resistentes para soportar una noche de juerga.

Botellas de licor del siglo XVII

CARENERO EN CALABAR
Una playa solitaria era esencial para el carenaje porque los piratas quedaban indefensos durante el trabajo. El río Calabar en la costa de Guinea, en África, era un punto ideal porque era poco profundo y los buques no podían seguir a las pequeñas naves piratas. La tripulación de Bartolomé Roberts (pág. 39) se relaja después de un arduo día de trabajo (ar.).

Piratas del océano Índico

Kidd entierra su Biblia en un mítico episodio de su vida

Un barco East Indiaman

Cuando las riquezas de la cuenca del Caribe (pág. 20) declinaron, muchos piratas navegaron al oriente rumbo al océano Índico. Los atraían las flotas de tesoros del Imperio Mogol de la India y de los mercaderes de las Compañías de las Indias británicas, francesas y holandesas. La mayoría se dirigía a Madagascar, frente a la costa este de África. Esta isla era ideal para atacar las rutas mercantes europeas a la India y las peregrinaciones musulmanas hacia el Mar Rojo. Los piratas amasaron grandes fortunas y gente como Kidd y Avery ganaron su fama legendaria. Pero sus actividades dañaron el comercio e incitaron un sentimiento antieuropeo en la India, así que los gobiernos actuaron contra los piratas.

CAPITÁN KIDD
El escocés William Kidd (c 1645-1701) era un hombre de negocios de Nueva York enviado al océano Índico a capturar a Avery. Sin embargo, bajo la presión de los rufianes de su tripulación, Kidd cometió varios actos de piratería. A su retorno, Kidd fue juzgado y colgado como pirata.

La Meca

Avery capturó el Gang-i-Sawai *cerca del río Indo*

Mar Rojo

India   China

Surat

África

Sumatra

Océano Índico

Java

Madagascar

Cabo de Buena Esperanza

ESPERANZA PIRATA
Después de rodear el Cabo de Buena Esperanza, los barcos mercantes europeos tomaban uno de dos cursos en su ruta hacia la India y China. Pero ambos pasaban a unos cientos de millas de Madagascar, la isla guarida de los piratas.

Los flechastes que cuelgan de los aparejos sirven de escaleras a los marineros para trepar sobre la cubierta; arriba, podían repeler mejor el ataque pirata

BOTÍN RUTILANTE
Los barcos indios redituaban grandes cantidades de gemas. Un pirata de Avery que saqueó el *Gang-i-Sawai* relató: "Tomamos grandes cantidades de joyas y una silla de montar con rubíes".

FAVORITOS
Cargados con bienes de lujo, los barcos East Indiaman eran la presa favorita de los piratas. Estos enormes barcos mercantes navegaron entre Europa y Asia en los siglos XVII y XVIII. Rumbo a Asia, los East Indiaman iban cargados de oro y plata; llevaban porcelana china, sedas y especias orientales a Europa.

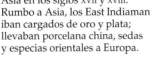

PARAÍSO PIRATA
La paradisiaca isla tropical de Madagascar adquirió una reputación exótica. Las leyendas populares contaban cómo los piratas vivían como príncipes. Según el Capitán Johnson (pág. 61): "Se casaban con las mujeres negras más bellas, no con una o dos, sino con cuantas desearan".

UNA CARRERA BRILLANTE
El pirata inglés Henry Avery (1665-c 1728) fue notable por su captura del barco mongol *Gang-i-Sawai*, el cual llevaba peregrinos y tesoros de Surat a La Meca. Los mogoles respondieron furiosos al trato brutal que se dio a los pasajeros, quienes exigieron una retribución de las autoridades británicas.

PORCELANA INVALUABLE
La porcelana china era muy preciada en la Europa de los siglos XVII y XVIII. Después de 1684, cuando los chinos permitieron que la Compañía Británica de las Indias Orientales abriera una estación comercial en Cantón, sus barcos transportaban toneladas de porcelana.

En las batallas los marineros subían al mástil mayor para disparar

Isla de Santa María

PIRATA DE LA ALTA SOCIEDAD
Nacido en América, Thomas Tew guió lo que se conoció como "la vuelta pirata", navegando de América del Norte al océano Índico y de regreso con el botín. En casa era una celebridad y se le ve aquí relatando sus aventuras a su amigo el gobernador de Nueva York. Tew fue asesinado en una expedición con Avery en 1695.

PARAÍSO SEGURO
Más un pequeño continente que una isla, Madagascar era un escondite ideal para los piratas del océano Índico. A fines del siglo XVII esta isla tropical fue abandonada por los europeos, y por eso era segura para los forajidos. No obstante, los piratas guerreros crearon una base fortificada en la isla de Santa María en la costa noreste de Madagascar, que podía defenderse con facilidad.

Buque mercante fuertemente armado para resistir ataques piratas

Hojas de té

Pimienta

Granos de café verdes

ABUNDANTE ESPECIA
Los piratas que capturaban un barco East Indiamen con especias botaban la carga por ser muy voluminosa y difícil de vender. En 1720 se reportó que una playa de Madagascar estaba cubierta por un metro de pimienta y clavos.

Clavos

La enorme bodega para transportar cargas voluminosas y provisiones para varias semanas hacía al barco lento y pesado

Nuez moscada

Rajas de canela

PLACER COSTOSO
Las cargas de té y café podían redituar enormes ganancias en Europa (en 1700 una libra de té costaba más de dos semanas de salario de un obrero), ¡pero los piratas preferían capturar vino o brandy! Solo uno, Bartholomew Roberts (pág. 39), prefería el té; pensaba que la ebriedad afectaba la eficiencia en un barco.

Islas desiertas

ABANDONADO EN UNA ISLA, un pirata deshonrado veía impotente cómo se alejaba su barco. Una isla desierta era una prisión sin muros. El mar evitaba el escape y las posibilidades de ser rescatado eran mínimas. Aunque los piratas abandonados recibían las provisiones básicas, aquellos que no cazaban ni pescaban morían de inanición. Este castigo cruel se reservaba para los piratas que robaban a sus propios compañeros o desertaban del barco en una batalla. Al hundirse, los sobrevivientes de un naufragio enfrentaban el mismo destino.

LOS NÁUFRAGOS
Los piratas de barcos hundidos sufrían el mismo aislamiento que los abandonados por un crimen. Su única esperanza de rescate era buscar una vela en el horizonte.

ARTÍCULOS BÁSICOS
Un pirata era abandonado con provisiones escasas. El código pirata del capitán inglés John Phillips establecía que la víctima debía recibir: "una botella de pólvora, una botella de agua, un arma pequeña y balas". Pero no tenía modo de cocinar o mantenerse caliente. Un pirata bondadoso dio en secreto a un abandonado: "una caja con materiales para encender fuego, la cual, dada sus circunstancias, era un presente más valioso que el oro y las joyas".

DEFENSA
Una pistola era útil para defenderse, pero para cazar era mejor un mosquete.

UN DÍA DE GRACIA
Una botella de agua chica duraba un día o dos. Después de eso, el náufrago debía buscar su propia agua.

ALEXANDER SELKIRK
Cansado de las disputas en su barco, el corsario escocés Alexander Selkirk (1676-1721) pidió ser abandonado. Para cuando cambió de opinión, el barco ya había zarpado. Para divertirse, el abandonado domesticó gatos y cabras y les enseñó a bailar.

LA ISLA OLVIDADA
El hogar de Alexander Selkirk de 1704 a 1709 fue una isla pequeña en el Pacífico Sur a 400 millas (640 km) oeste de Chile. Una de las islas de Juan Fernández, Más Tierra, tenía un abundante suministro de agua y bullía de cerdos y cabras salvajes. Selkirk subsistió mucho tiempo comiendo carne de cabra y palmitos, y vistiendo con piel de cabra. Cuando lo rescataron, estaba andrajoso y sucio, pero no lo entusiasmó la idea de abandonar su isla.

ROBINSON CRUSOE

El más famoso de todos los náufragos ficticios fue creación del autor inglés Daniel Defoe (1660-1731). Él basó su historia en la vida de Alexander Selkirk, pero dio a Crusoe un compañero "salvaje", Viernes. Crusoe pasó más de un cuarto de siglo en su isla y vivió con más comodidades que cualquier náufrago real: "con esta abundancia viví; no puedo decir que deseara algo más que la sociedad".

UN DESTINO SOLITARIO

En esta pintura de Howard Pyle, un pirata solitario aguarda la muerte en la playa de una isla desierta. De hecho, los piratas abandonados no tenían tiempo de cavilar sobre su futuro. La mayoría de los sobrevivientes estaban ocupados buscando comida y agua, o construyendo sus refugios.

Pólvora

Balas de mosquete

Cuerno para pólvora

NAUFRAGIO

Los piratas con frecuencia se adueñaban de los barcos que capturaban, pero si la nave quedaba innavegable, podían quedar varados en una playa desierta. El mismo destino esperaba a los piratas que se embriagaban, lo cual era muy común, y descuidaban la navegación.

LA BENEVOLENCIA NO PAGA

El pirata inglés Edward England (murió en 1720) riñó con su tripulación mientras navegaban frente a las costas de África. Acusado de ser muy benévolo con un prisionero, England y otros dos fueron abandonados en la isla Mauricio. Según un relato, los tres construyeron una balsa y navegaron hasta Madagascar, donde England murió poco tiempo después.

INSUFICIENTE

La pólvora de este cuerno podía agotarse pronto y después de eso los náufragos debían usar su ingenio. Un grupo de piratas abandonados en las Bahamas "vivió alimentándose de moras y moluscos, [y] a veces, atrapando una mantarraya… con la ayuda de un palo afilado".

Corsarios franceses

Los FRANCESES CONOCÍAN A SAINT MALO como "la ciudad corsaria", pero para los ingleses era un "nido de avispas". El puerto francés de Saint Malo del siglo XVII se enriqueció gracias al corso. Para mucha gente del lugar el corso o *la course*, fue un oficio familiar que se heredaba de padres a hijos. Los corsarios franceses surgieron en el siglo IX cuando los barcos mercantes de Bretaña se armaron para defenderse de los vikingos. Cuando la amenaza vikinga llegó a s fin en el siglo XI, no faltaron blancos, ya que Francia estaba en guerra continua. Inglaterra fue la víctima más frecuente del aguijoneo de las avispas y en 1693 construyó una "máquina infernal" para destruir el nido. Sin embargo, su bomba flotante explotó ruidosamente en el puerto de Saint Malo con una sola baja francesa, un gato. La flota inglesa huyó humillada y los corsarios continuaron navegando hasta el siguiente siglo.

PISTOLAS DE UN CORSARIO
Robert Surcouf fue famoso no sólo por ser un corsario brillante, sino también por su valentía. Sus hermosas pistolas no sólo eran de adorno: Surcouf se enfrentó una vez a una docena de soldados prusianos en una pelea y ganó.

Las raspaduras denotan el buen uso de la pistola

La bella cubierta de la culata tiene forma de águila

El nombre de Surcouf (apenas visible) está grabado en el guardamo

Estatua de mármol de Réné Duguay-Trouin, uno de los hijos más famosos de Saint Malo

Pistolas con llave de chispa de Surcouf

HÉROES DE ALTA MAR
Célebres por sus osadías, los corsarios franceses eran héroes nacionales. Eran famosos porque eran patriotas que luchaban por Francia, pero también porque el corso era muy redituable. Muchas familias de Bretaña se hicieron ricas con las ganancias y el obispo de Saint Malo invirtió en el corso. Barcos y calles recibieron nombres de corsarios: este mascarón de proa romántico retrata a Duguay-Trouin.

Mascarón de proa del siglo XVII

Barril de bronce

Baqueta

DVNKIRK.

DUNKERQUE
Pueblo natal de Jean Bart, Dunkerque fue peligroso durante su niñez: fue territorio español, francés e inglés. Pero bajo el dominio francés, el puerto se convirtió en una base corsaria, rival de Saint Malo.

JEAN BART
Jean Bart (1651-1702) capturaba barcos en el Canal de la Mancha y el Mar del Norte. Famoso por su osadía, escapaba a Francia remando 150 millas en un pequeño bote cuando fue capturado por los ingleses.

ROBERT SURCOUF
Nacido un siglo después de Duguay-Trouin, Robert Surcouf (1773-1827) (i.) practicó el corso lejos de su natal Saint Malo. Su base fue la isla francesa Mauricio en el océano Índico. Desde ahí saqueaba los barcos mercantes británicos que se dirigían a los puertos indios.

LA CAPTURA DEL *KENT*
La captura más heroica de Surcouf fue la del *Kent*, un Indiamen británico. Esta pintura muestra a los hombres de Surcouf abordando el enorme barco mercante de 38 cañones desde su barco mucho más pequeño, el *Confiance*. Uno de los cautivos se burló diciendo que los franceses sólo peleaban por interés, mientras que los ingleses lo hacían por honor, a lo que Surcouf respondió: "Eso sólo prueba que ambos luchamos por algo que no poseemos".

Misiles

Bombas incendiarias

Barriles de explosivos

UN DESASTRE INFERNAL
Esta máquina infernal (d.) fue enviada por los ingleses contra los habitantes de Saint Malo como arma letal. Lleno de explosivos, este barco bomba de 85 pies (26 m) debía navegar hacia la muralla de la ciudad. Pero la noche del ataque, el barco golpeó una roca, el agua de mar humedeció la pólvora y la bomba se apagó como un cohete húmedo.

Barriles de pólvora

CAPITAL CORSARIA
Los promotores corsarios, o "armadores", de Saint Malo florecieron. Para el siglo XVIII, cuando se dibujó esta vista, eran tan ricos que incluso el rey francés Luis XIV (1643-1715) les pedía dinero prestado para sufragar sus guerras.

Corsarios americanos

La guerra de la independencia de Estados Unidos (1775-1783) demostró el poderío corsario como ninguna otra guerra. La pequeña Armada Continental combatió a los ingleses con sólo 34 barcos. Pero 13 veces ese número de corsarios atacaron los barcos *mercantes* británicos debilitados. Un escritor inglés del siglo XVIII se lamentó "…todo el comercio con América está muriendo… observen nuestros muelles; cuenten los barcos anclados e inútiles". Como en guerras anteriores, aquellos que perdían sus barcos ante corsarios los consideraban "piratas". Las víctimas inglesas usaban el término libremente, incluso para oficiales de la Armada Continental, como John Paul Jones. Después de la independencia, cuando la guerra contra Inglaterra estalló de nuevo en 1812, los Estados Unidos usaron corsarios una vez más. Pero las veloces naves nunca volvieron a ser tan efectivas como cuando ayudaron a asegurar la libertad de la nación.

HÉROE NAVAL BRIOSO
Los vigorosos saqueos en las costas de Gran Bretaña le ganaron a John Paul Jones la etiqueta de "pirata" en su país natal, pero fueron sus acciones en el mar las que le dieron renombre en EE. UU. En su batalla más famosa, maniobró su embarcación al lado de un barco de guerra británico y enlazó ambos. Los cañones británicos casi hundieron su barco, pero Jones desatendió los llamados a rendirse con las palabras: "¡Aún no he empezado a pelear!" Tres horas más tarde, los británicos cedieron.

CARGAS HUMILDES
Los barcos capturados por corsarios no siempre contenían cargas lujosas. La sal y el arroz alimentaban a las tropas americanas y su pérdida debilitaba al rival británico.

Arroz

PRESAS AFRICANAS
Un inglés que escribió desde Granada en 1777 se lamentó de que los corsarios americanos habían capturado "una carga considerable de polvo de oro".

COLMILLOS DE ELEFANTE
Las exportaciones hacia EE. UU. perdidas ante los corsarios en la guerra de Independencia incluían una carga de marfil. El costo de los seguros aumentó 6 veces para los barcos sin protección.

Sal

COMBATE DESARMADO
El puerto colonial más grande, Filadelfia, equipaba a muchos barcos corsarios. El bergantín *Despatch* zarpó desarmado de este puerto en 1776, ¡esperando capturar cañones de un barco británico en el Atlántico! La tripulación lo logró en pocos días y navegó hasta Francia.

CORSARIO FAROLERO

Jonathan Haraden (1745-1803) navegó una vez al lado de un barco inglés, izó la bandera roja y exigió la rendición en cinco minutos. Luego se paró a observar con una vela encendida junto a un cañón y esperó. El barco se rindió, pero Haraden estaba alardeando, porque el cañón estaba cargado con su última bala.

FRACASO DE UN PATRIOTA

Ni pirata ni corsario, el escocés John Paul Jones (1747-1792) fue un poco de ambos en ciertos aspectos. Como aprendiz de marino en un barco de esclavos, huyó al Caribe para escapar a un cargo de homicidio. Su carrera en la Armada Continental empezó en 1775 y sus hazañas en los siguientes 6 años lo convirtieron en héroe nacional estadounidense. Ascendió, pero la rivalidad política lo llevó a la quiebra y murió en 1792.

GOLETA DE GAVIA

Los corsarios americanos que usaban barcos especializados preferían las goletas de gavia (ar.), como ésta afuera del puerto de Nueva Orleáns. Estos pequeños y veloces barcos tenían dos mástiles, el palo de trinquete más corto que el mástil mayor. Aparejar una vela cuadrada en lo alto del palo de trinquete aumentaba la velocidad con un viento a favor.

CIUDAD DE CORSARIOS

Con un puerto natural en la bahía de Chesapeake, Baltimore era un centro astillero tradicional. Las primeras naves corsarias de la guerra de Independencia zarparon desde Maryland, primero como barcos mercantes convertidos, pero luego como goletas construidas para ese propósito.

JEAN LAFITTE

Pirata, corsario, esclavista y contrabandista haitiano, Jean Lafitte (c 1780-c 1826) y su hermano Pierre dirigían una banda que proveía cerca de la décima parte de los empleos en Nueva Orleáns hacia 1807. Proscritos por el tráfico de esclavos, los Lafitte obtuvieron el perdón por defender la ciudad en 1812.

ATAQUE EN EL GOLFO

Los ataques piratas de los Lafitte se centraban en los barcos españoles en el Golfo de México. Aseguraban que estos saqueos eran acciones de corso legítimas y portaban patentes de corso (pág. 18) para probarlo. Pero también capturaban presas americanas y en secreto traficaban con esclavos a través de su fortaleza en la bahía de Barataria, cerca de Nueva Orleáns.

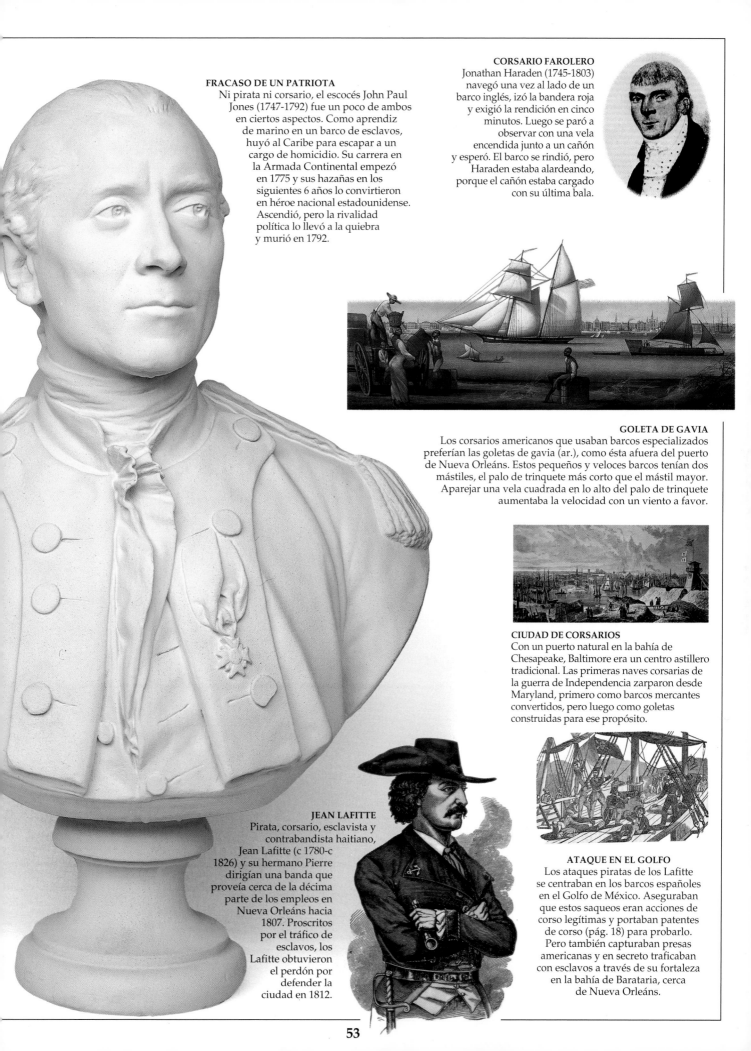

Piratas del Mar de China

LOS MARES Y CANALES DE CHINA y el sureste de Asia eran un paraíso pirata. Naves pequeñas se escondían en los manglares de las costas. Los piratas explotaban este recurso desde el año 400 d. C. en los asaltos en el mar y en contiendas locales. China y Japón se unían para reprimirlos. Cuando los europeos establecieron imperios en los siglos XVI y XVII, todo empeoró. Piratas como Ching Yih tenían más de 500 barcos. Ching-Chi-ling dirigía una flota de 1,000 naves con armamento pesado en el siglo XVII, junto con muchos esclavos y guardaespaldas. Los europeos actuaron contra estos poderosos piratas y para la década de 1860 ya los habían erradicado.

Tres mástiles con velas de cuatro lados de bambú

El capitán y su familia tenían camarotes en la popa del barco. La tripulación vivía en la abarrotada bodega

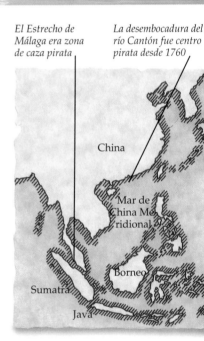

PIRATA BARBERO
El barbero de Hong Kong Chui Apoo, se unió a la flota del líder pirata Shap'n'gtzai en 1845 y pronto fue designado teniente.

AL FINAL DEL CAMINO
Los cañoneros británicos destruyeron la flota de Chui Apoo en 1849 como parte de una campaña contra el líder pirata Shap'n'gtzai.

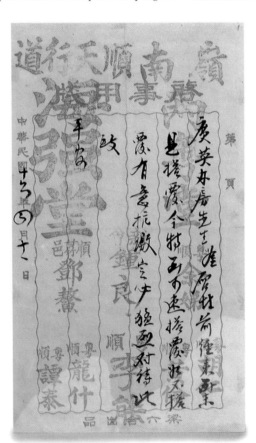

El Estrecho de Málaga era zona de caza pirata

La desembocadura del río Cantón fue centro pirata desde 1760

China

Mar de China Meridional

Borneo

Sumatra

Java

LOS MARES DEL SURESTE DE ASIA
Aunque las grandes flotas dominaban la piratería en Asia oriental, grupos tribales menores surcaban las zonas locales.

PAGUEN O YA VERÁN
Los piratas chinos del siglo XIX solían extorsionar a las poblaciones costeras. Amenazaban con destruir el poblado y esclavizar a sus habitantes si no se pagaba el rescate. En esta nota de rescate los piratas pedían dinero a cambio de no atacar los barcos.

PENDÓN PIRATA

Las flotas piratas del Mar de China se dividían en escuadrones, cada uno con su propia bandera: la flota de Ching Yih tenía grupos con banderas roja, amarilla, verde, azul, negra y blanca, y los abanderados dirigían el ataque. Esta elaborada bandera muestra la mítica emperatriz del cielo T'ien Hou, quien tranquilizaba las aguas y protegía los barcos mercantes.

Los piratas adoraban a T'ien Hou, pero también era sagrada para los oponentes de la piratería

El murciélago era símbolo de buena suerte; su nombre en chino, "fu", es un retruécano de "buena fortuna"

ÚLTIMA PARADA

La armada británica destruyó la flota pirata china más notable en 1849. Anclado en la desembocadura del río Haiphong en Vietnam del Norte, Shap'n'gtzai pensó que estaba a salvo. Pero cuando la marea cambió, volteó los juncos de modo que sus cañones se apuntaban entre sí. Los barcos británicos pudieron atacarlos uno por uno.

El cirujano naval Edward Cree capturó la destrucción de la flota de Shap'n'gtzai en una vívida acuarela, en su diario

A DOS MANOS

Para la pelea cuerpo a cuerpo el arma tradicional de los piratas chinos era una espada larga y pesada. Esgrimida con ambas manos, la hoja podía cortar una armadura de metal. Los piratas japoneses preferían espadas más pequeñas: peleaban con una en cada mano y derrotaban al guerrero chino más hábil.

Castigo

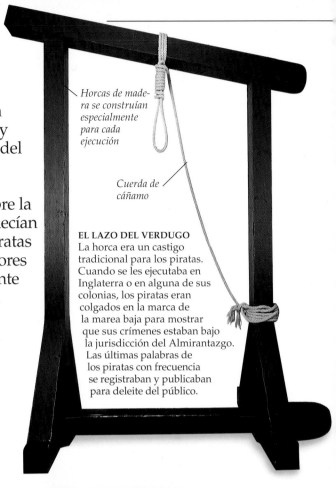

Cabeza de pirata expuesta en una lanza

"BAILAR LA JIGA DEL CAÑAMERO" era el castigo para los piratas apresados y convictos por sus crímenes. La "jiga del cañamero" era el baile mortal en el extremo de la cuerda de cáñamo del verdugo. Los piratas bromeaban sobre la ejecución, pero sus alardes se desvanecían ante la horca. Sin embargo, para la mayoría de los piratas los peligros de la vida en el mar eran más amenazadores que el verdugo. Relativamente pocos eran llevados ante la justicia, e inclusive aquellos hallados culpables con frecuencia obtenían el perdón. Para los corsarios, la captura significaba sólo la prisión, con la posibilidad de libertad en un intercambio de prisioneros. Pero la prisión era más temible por la cantidad de enfermedades y muchos no salían con vida.

Horcas de madera se construían especialmente para cada ejecución

Cuerda de cáñamo

EL LAZO DEL VERDUGO
La horca era un castigo tradicional para los piratas. Cuando se les ejecutaba en Inglaterra o en alguna de sus colonias, los piratas eran colgados en la marca de la marea baja para mostrar que sus crímenes estaban bajo la jurisdicción del Almirantazgo. Las últimas palabras de los piratas con frecuencia se registraban y publicaban para deleite del público.

PRISIONES FLOTANTES
Los británicos introdujeron estas prisiones flotantes en 1776. Abandonados en el estuario del río Támesis, los primeros barcos eran los de la armada que ya no podían navegar. Los pontones posteriores fueron construidos especialmente como cárceles flotantes. Las condiciones en un pontón eran húmedas e insalubres y ser consignado a uno era el castigo más severo después de la pena de muerte.

EL PRISIONERO PAGA
Una celda solitaria como ésta habría sido un lujo para un pirata cautivo. Las celdas de las prisiones de los siglos XVII y XVIII estaban atestadas y sólo quienes podían sobornar al carcelero tenían la esperanza de vivir en condiciones decentes. Los prisioneros pagaban por velas, alimento e, incluso, por el derecho a acercarse al débil fuego que calentaba los húmedos calabozos.

Esta extensión del navío quizá fue la cocina del barco-prisión

La ropa se colgaba para secarla

Los prisioneros vivían en la húmeda y hedionda bodega

Ventilación deficiente por las diminutas ventanas

EL PONTÓN
Los corsarios franceses temían a los viejos barcos ingleses usados como cárceles, a los que llamaban pontones. Uno escribió en 1797: "Los últimos ocho días nos han hecho comer perros, gatos y ratas…sólo recibimos raciones de pan mohoso… carne podrida y agua salobre".

Soldados resguardan el pontón

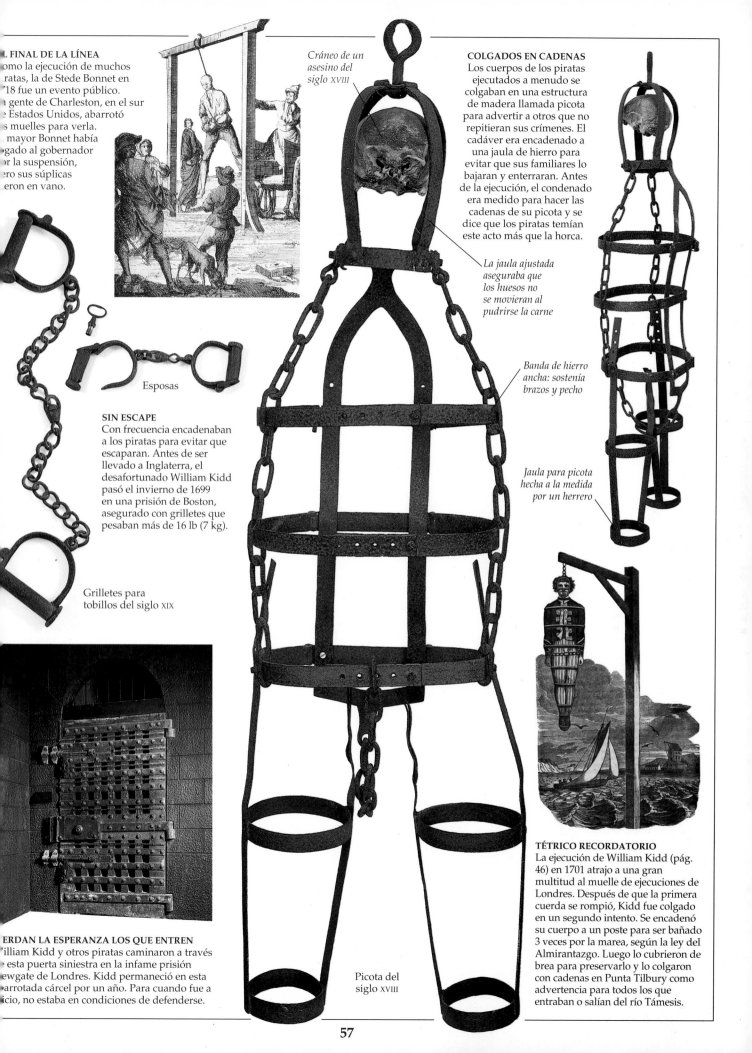

EL FINAL DE LA LÍNEA
Como la ejecución de muchos piratas, la de Stede Bonnet en 1718 fue un evento público. La gente de Charleston, en el sur de Estados Unidos, abarrotó los muelles para verla. El mayor Bonnet había rogado al gobernador por la suspensión, pero sus súplicas fueron en vano.

Cráneo de un asesino del siglo XVIII

COLGADOS EN CADENAS
Los cuerpos de los piratas ejecutados a menudo se colgaban en una estructura de madera llamada picota para advertir a otros que no repitieran sus crímenes. El cadáver era encadenado a una jaula de hierro para evitar que sus familiares lo bajaran y enterraran. Antes de la ejecución, el condenado era medido para hacer las cadenas de su picota y se dice que los piratas temían este acto más que la horca.

La jaula ajustada aseguraba que los huesos no se movieran al pudrirse la carne

Banda de hierro ancha: sostenía brazos y pecho

Esposas

SIN ESCAPE
Con frecuencia encadenaban a los piratas para evitar que escaparan. Antes de ser llevado a Inglaterra, el desafortunado William Kidd pasó el invierno de 1699 en una prisión de Boston, asegurado con grilletes que pesaban más de 16 lb (7 kg).

Jaula para picota hecha a la medida por un herrero

Grilletes para tobillos del siglo XIX

ERDAN LA ESPERANZA LOS QUE ENTREN
William Kidd y otros piratas caminaron a través de esta puerta siniestra en la infame prisión ewgate de Londres. Kidd permaneció en esta arrotada cárcel por un año. Para cuando fue a icio, no estaba en condiciones de defenderse.

Picota del siglo XVIII

TÉTRICO RECORDATORIO
La ejecución de William Kidd (pág. 46) en 1701 atrajo a una gran multitud al muelle de ejecuciones de Londres. Después de que la primera cuerda se rompió, Kidd fue colgado en un segundo intento. Se encadenó su cuerpo a un poste para ser bañado 3 veces por la marea, según la ley del Almirantazgo. Luego lo cubrieron de brea para preservarlo y lo colgaron con cadenas en Punta Tilbury como advertencia para todos los que entraban o salían del río Támesis.

Piratas derrotados

Después de florecer por 5,000 años, la piratería organizada y el corso por fin terminaron en el siglo XIX. A principios de siglo, los corsarios eran una molestia peligrosa y las armadas de las grandes potencias marítimas ya no necesitaban la ayuda de barcos de guerra privados. Así, en 1856 la mayoría de las naciones marítimas firmaron un tratado, la Declaración de París, aboliendo el corso (pág. 18). La tecnología también ayudó a dar fin a la piratería. El siglo XIX fue la época de la energía de vapor y las armadas británica y estadounidense construyeron barcos de vapor que navegaban incluso sin viento. Los piratas en veleros eran atrapados con facilidad. En 1850 sólo había pequeñas bandas.

NUNCA BUFÓN
La Armada Británica tomó acciones severas contra los piratas malayos e indonesios sospechosos de dañar el comercio. Este colorido mascarón decoró alguna vez la proa del *Harlequin*, una balandra británica de acción antipirata. En 1844 el *Harlequin* y otros dos barcos navegaron desde Penang en una misión para castigar a los piratas de Achin, en el norte de Sumatra. Los capitanes de esta pequeña flota no tenían cómo identificar a los piratas que buscaban, así que incendiaron de forma indiscriminada las casas de las riberas.

LA CABEZA DE UN PIRATA
La cabeza de Barbanegra suspendida del bauprés (el palo al frente del barco) del *Pearl*.

HASTA QUEMAR EL ÚLTIMO CARTUCHO
Barbanegra fue una figura mítica hasta en la muerte: "Luchó con tanta furia que no cayó hasta recibir 25 heridas, cinco de ellas balazos". El teniente Maynard, del buque *Pearl*, fue quien capturó a Barbanegra. Degolló al pirata y colgó su cabeza en el bauprés, el palo al frente del barco.

A TODO VAPOR SOBRE LOS PIRATAS

Los primeros barcos de vapor tenían mástiles y velas, pero podían ser propulsados por paletas. Los piratas ignoraron los barcos humeantes la primera vez que los vieron, asumiendo que eran barcos de vela en llamas. Su indiferencia terminó cuando vieron a los vapores navegar directamente en contra del viento (imposible con un barco de vela) para capturarlos.

EL SWALLOW

En el siglo XVIII, el "caza piratas" más moderno de la Armada Británica era el buque de guerra, una enorme fortaleza navegante que superaba en cañones al barco pirata más poderoso. El buque de guerra Swallow puso fin a la carrera del pirata Bartholomew Roberts (pág. 31) frente a la costa occidental de Africa, en 1722. Roberts navegó lentamente a la batalla contra el buque y recibió una bala en el cuello.

PERRO POLICÍA

Cuando el buque inglés *Greyhound* divisó dos barcos al este de Long Island, EE. UU., la tripulación no tenía idea de lo peligrosos que eran esos piratas. Los barcos pertenecían al infame Edward Low (pág. 30) y su tripulación. Después de ocho horas de batalla, el *Greyhound* cantó victoria. Los piratas fueron juzgados en 1723 y 26 de ellos fueron colgados.

BOMBARDEO A BERBERÍA

Los corsarios que navegaban desde los estados berberiscos (págs. 14-15) renovaron sus ataques durante las Guerras Napoleónicas (1796-1715). Cuando la paz volvió, EE. UU. y las potencias europeas actuaron para aplastar a los piratas. En 1816, barcos británicos y holandeses bombardearon Argel, obligando al *Bey* a liberar prisioneros y disculparse por los actos piratas. Francia ocupó Argel 14 años después.

CELEBRANDO LA VICTORIA

Con la inscripción "Argel bombardeado y su flota destruida y la esclavitud cristiana extinguida", esta medalla de oro celebra el triunfal bombardeo británico y holandés sobre Argel.

ALGIERS BOMBARDED ITS FLEET DESTROYED & CHRISTIAN SLAVERY EXTINGUISHED

Vista de proa del *Swallow*

Por los recortes navales, el mascarón tiene un grabado menos elaborado que el de barcos previos

Los piratas prisioneros del barco de Roberts estaban atados con grilletes en la bodega

Roberts murió por la metralla de uno de estos cañones

Con 50 cañones y una tripulación altamente entrenada, el Swallow *superó con facilidad al* Royal Fortune *de Roberts y su banda de piratas harapientos*

Vista lateral del *Swallow*

Piratas en la literatura

Casi tan pronto como las armadas del mundo hicieron los mares seguros, la gente empezó a olvidar el carácter asesino de los piratas. Muchos escritores los convirtieron de ladrones en bribones o en héroes. Pero los libros no siempre retratan la piratería de forma romántica. Algunos, como *Bucaneros de América*, cuentan historias de piratas reales con tal detalle que erizan la piel. Y en el más famoso de todos los cuentos de ficción, *La Isla del Tesoro*, los piratas son villanos temibles. Aun en este clásico de aventuras la trama gira en torno a un tesoro enterrado. Como "pasar la plancha", los tesoros enterrados son ficción.

LORO VILLANO
"¡Reales de a ocho!", gritaba el loro verde de Long John Silver pidiendo el botín pirata favorito.

HÉROE ROMÁNTICO
El poeta inglés Lord Byron (1788-1824) contribuyó a crear el mito del pirata romántico. Escribió su famoso poema *El corsario* cuando la amenaza pirata casi acababa de desaparecer. Byron excusa los crímenes de su héroe con el verso:
"Se sabía villano pero juzgaba a los demás no mejores de lo que él parecía."

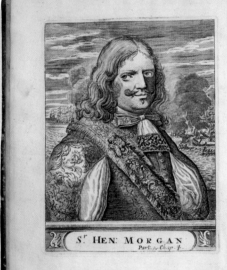

BUCANIERS
OF
AMERICA:
Or, a True
ACCOUNT
OF THE
Moft Remarkable Affaults
Committed of late Years upon the Coafts of
The Weſt-Indies,
By the BUCANIERS of *Jamaica* and *Tortuga*,
Both *ENGLISH* and *FRENCH*.
Wherein are contained more efpecially,
The unparallel'd Exploits of Sir *Henry Morgan*, our English *Jamaican* Hero, who fack'd *Puerto Velo*, burnt *Panama*, &c.

Written originally in Dutch, by *John Efquemeling*, one of the Bucaniers, who was prefent at thofe Tragedies, and Tranflated into *Spanish* by *Alonſo de Bonne-maiſon*, M. D. &c.

The Second EDITION, Corrected, and Inlarged with two Additional Relations, viz. the one of *Captain Cook*, and the other of *Captain Sharp*.
Now faithfully rendred into English.

LONDON: Printed for *William Crooke*, at the Green Dragon without *Temple-bar*. 1684.

Sr. HEN: MORGAN
Part. 2. Ch. 3. 4.

HISTORIAS VERDADERAS DE LA VILLANÍA PIRATA
Alexander Exquemeling (1645-1707) proporcionó uno de los pocos relatos de testigos de la piratería del siglo XVII. De origen francés, navegó con los bucaneros en el Caribe. Sus descripciones de la crueldad bucanera, publicadas por primera vez en holandés en 1678, aún hacen que el lector sienta náuseas.

PIRATA CON PERICO
Cuando el escritor escocés Robert Louis Stevenson (1850-1894) creó a Long John Silver, inventó un pirata que ha influido en los escritores desde entonces. Silver se gana la confianza de los demás en *La Isla del Tesoro* (1883), sólo para traicionarlos.

EN BUSCA DEL TESORO
En *La Isla del Tesoro* Jim Hawkins, quien narra la historia, zarpa en La Española para desenterrar el botín de un pirata. Jim escucha un plan de Silver e Israel Hands para capturar el barco y matar a la tripulación.

MAPA MÍTICO
La clave para encontrar el tesoro en el libro de Stevenson es el mapa de una isla. Ningún pirata real dejaba instrucciones para obtener una fortuna.

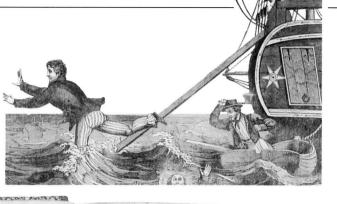

CAMINAR HACIA UNA TUMBA DE AGUA
El papelero de Boston Charles Ellms publicó *El libro del pirata* en 1837, una mezcla de historias de piratas míticas y "reales" que se convirtió en un *best seller*. Ellms describió el castigo pirata de "pasar la plancha", pero sólo hay un caso documentado, cuando unos piratas obligaron a ciertos marineros holandeses del *Vhan Fredericka* a caminar hacia su muerte en 1829.

EN APRIETOS
"Un paso más, Sr. Hands… y le volaré los sesos." El bucanero amotinado Israel Hands ignoró la advertencia de Jim Hawkins, sólo para caer muerto al agua por un tiro de la pistola del chico. Robert Louis Stevenson tomó prestado el nombre para este villano ficticio del primer contramaestre real de Barbanegra.

HISTORIA DE MISTERIO
Historia general de los robos y asesinatos de los más famosos piratas fue publicada en 1724. Describe las hazañas de piratas como Barbanegra, Bartolomé Roberts, Mary Read y Anne Bonny a pocos años de su captura o ejecución. El libro inspiró muchos trabajos de ficción posteriores, pero la verdadera identidad de su autor, el capitán Charles Johnson, es un misterio.

PIRATAS EN LA PÁGINA
Miles de niños vieron a Peter Pan en escena. Pero el libro *Peter y Wendy* fascinó a más millones. Ambientada en una isla mágica y un barco pirata, el cuento relata la derrota de los piratas por un niño que nunca crece.

PAN Y GARFIO
El adversario de Peter Pan, el Capitán Garfio, era parte de la historia "El contramaestre de Barbanegra", y el autor J.M. Barrie basó parte del personaje de Garfio en el pirata real Edward Teach (págs. 30-31). "Su cabello formaba largos rizos que parecían velas negras."

Peter y Garfio luchan por su vida sobre una roca resbalosa, pero sólo Peter pelea limpio

Piratas en el cine y el teatro

JACTÁNDOSE EN LA PANTALLA o abalanzándose en el escenario, un pirata aportaba dramatismo con un personaje prefabricado aunque adaptable. Podía representar un villano perverso, un aventurero despreocupado, un héroe romántico o un proscrito inocente. Los piratas teatrales pisaron los escenarios por primera vez en 1612, pero fue *The Successful Pirate*, un siglo después, el que realmente estableció el tema. Los productores de cine también explotaron el glamour de la vida pirata. Los retratos de la piratería en pantalla iniciaron en el cine mudo y hoy siguen siendo un éxito.

PIRATA DRAMÁTICO
Este recuerdo del siglo XIX muestra a un actor llamado Pitt representando al pirata Will Watch, con las características piratas estándar.

La cabeza del títere es de madera

TRAJE DE ESCENA
Disfraces bien planchados contrastan con los harapos que usaban los piratas reales. La mayoría de ellos se cambiaba de ropa sólo cuando saqueaban un barco y robaban un conjunto nuevo.

Alfanje tallado

PARODIA DE TÍTERES
La acción y velocidad de las historias de bucaneros las hacían una elección natural para el teatro de marionetas. En una sátira cruda de estilo pirata, estos dos títeres de mano del siglo XIX representaban a un pirata inglés y uno español. El pirata inglés de ropas sencillas sostiene el alfanje corto y curvo; su oponente español porta un estoque.

NUNCAJAMÁS LLEGA A HOLLYWOOD
En la versión de Steven Spielberg de Peter Pan, *Hook*, Dustin Hoffman obtuvo el papel estelar.

Títere de un pirata inglés

PIRATAMANIA
Las películas de piratas fueron muy populares a principios de la década de 1950; hubo nueve entre 1950 y 1953. *El pirata hidalgo,* con Burt Lancaster (1952) fue una de las mejores.

SOMBRERO HIRSUTO
Cuando una explosión lo lanzó del barco, un miembro de la tripulación de Bartholomew Roberts (pág. 31) ignoró sus heridas y se quejó de haber "perdido un buen sombrero". Quizá no era tan suntuoso como éste.

LA BUFANDA DE UN BRAVUCÓN
Las primeras películas de piratas quizá preferían artículos en rojo y amarillo, como esta faja, porque sobresalían más que otros colores en el primitivo sistema Technicolor. Quemar los barcos era popular por la misma razón.

AJUSTE DE CUENTAS
Hollywood contó la vida de Anne Bonny (pág. 33) en *La mujer pirata* (1951), pero la tentación de adornar la historia, como siempre, fue demasiada. La película ponía a pelear a Anne, representada por la actriz estadounidense Jean Peters (nació en 1926) contra su "antiguo jefe" Barbanegra, aunque ni siquiera se conocieron.

Títere de un pirata español

Estoque

CARTELES
El capitán Blood estuvo basada en la historia del escritor británico nacido italiano Rafael Sabatini (1875-1950). Este cartel de la versión francesa ilustra cómo la industria fílmica transformó al pirata en un héroe.

FLYNN, EL PIRATA SIN MIEDO
En la película de 1940 *El halcón del mar,* Errol Flynn (1909-1959) retornó al personaje del pirata intrépido que lo hizo famoso en *El capitán Blood.* Como en todos sus filmes, Flynn realizaba las escenas peligrosas, en lugar de emplear a un doble como hacía la mayoría de los actores.

¿Sabías que…?

DATOS SORPRENDENTES

El éxito de Bartholomew Roberts se debió quizá al hecho de que no era pirata típico. Inteligente, solo bebía té, no decía palabrotas y ¡guardaba el domingo!

En el siglo XVII, la Compañía de las Indias Orientales estaba tan agobiada por los piratas que el Almirantazgo le otorgó permiso para atrapar y castigar a los piratas. El castigo incluía la horca en el penol, azotar al prisionero en cada barco que estuviera anclado y marcar la frente del hombre con la letra P.

Jean Bart da una lección a su hijo

Durante una batalla contra un barco holandés, el corsario francés Jean Bart descubrió a su hijo de 14 años acobardado ante el ruido de los cañones. Disgustado por su cobardía, Bart lo ató al mástil y dijo a su tripulación: "Es necesario que se acostumbre a esta clase de música".

Mapas y cartas de navegación precisos eran raros y muy preciados porque eran la llave del poder y la riqueza en territorios nuevos. Cuando Bartholomew Sharp capturó un barco español en 1681, la tripulación trató de lanzar los suyos por la borda antes que entregarlos. Sharp los atrapó justo a tiempo y se dice que los españoles lloraron al verlo.

Las ratas siempre han sido un problema serio a bordo de un barco, incluso para los piratas, y a menudo se las cazaba para controlarlas. Un galeón español informó haber matado más de 4,000

Los bucaneros hacían cualquier cosa por dinero; se dice que estiraban a sus víctimas en un potro para que confesaran dónde escondían sus tesoros.

La bitácora de un barco es una caja cerca del timón donde se coloca la brújula y otros instrumentos, así como el libro de bitácora o diario de a bordo.

Abordar un barco era muy peligroso y si estaba bajo fuego, el primer pirata en abordar enfrentaba una muerte casi segura. Para alentar a los hombres a unirse a la brigada de abordaje, la regla en muchos barcos era que el primero en abordar sería el primero en elegir un arma de las robadas, además de su parte del botín. La oportunidad de obtener una buena arma como una pistola, en general era suficiente para que corrieran el riesgo.

Brigada de abordaje

Carenar implica voltear un barco sobre un costado. Los piratas hacían esto porque, a diferencia de otros marineros, no podían ir a un muelle para realizar reparaciones y eliminar los bálanos que afectaban la velocidad y la movilidad del barco. Así, llevaban el barco a una bahía somera, lo descargaban y volcaban sobre un costado para limpiarlo y luego hacían lo mismo del otro lado.

Destino de Barbanegra

Pocos piratas fueron ahorcados por sus crímenes o tuvieron fines pintorescos y horrendos como Barbanegra. Él recibió 22 golpes antes de ser degollado y luego colgaron su cabeza del bauprés como advertencia. La mayoría moría peleando, en naufragios o enfermos. En un viaje largo, un capitán perdía hasta la mitad de su tripulación por enfermedades como tifoidea, malaria, escorbuto y disentería.

Los barcos piratas rara vez atacaban un buque de guerra, por su armamento superior. Por eso, los buques de guerra escolta navegaban a distancia del barco del tesoro y cuando un navío pirata se aproximaba, entonces se acercaban con rapidez para atacarlo.

Barbanegra se enamoró una vez de una joven hermosa que lo dejó por otro marinero. La joven dio al marinero un anillo como muestra de su amor. Parece que Barbanegra atacó después el barco del marinero y al reconocer el anillo, le cortó al hombre la mano y se la envió a la joven en una caja de plata. Al ver la mano, la joven se desmayó y murió tiempo después.

PREGUNTAS Y RESPUESTAS

Al pirata Henry Morgan le gustaba beber

P ¿Los piratas realmente hacen honor a su fama de borrachos?

R No es de sorprender que los piratas tuvieran reputación de ebrios: su ración de alcohol era mayor que la de agua. Las provisiones de agua a bordo de un barco eran limitadas y pronto se descomponían, así que los marineros preferían beber cerveza embotellada, ron o grog (agua mezclada con ron para engañar el sabor y preservarla). Se dice que los bucaneros incluso ¡bebían ron con pólvora!

P ¿Todavía hay piratas en los océanos en la actualidad?

R Sí, la piratería aún es un problema. La zona más afectada es el Mar de China Meridional, pero frente a la costa este de África también hay peligro. Barcos mercantes y yates lujosos son los blancos más comunes, mas en 1992 los piratas atacaron un buque petrolero. Por esa razón, en 1992 se estableció un Centro de Informes de Piratería en Kuala Lumpur, Malasia.

P En las ilustraciones, los piratas a menudo usan aretes, ¿es correcto?

R Nadie está seguro en realidad. El mito dice que los piratas creían que las perforaciones en el lóbulo de las orejas con oro o plata mejoraba la visión.

P ¿Les gustaba a los piratas tener loros como mascotas?

R No hay registros de ningún pirata conocido que tuviera un loro. Pero el tráfico de animales exóticos iba de la mano con la piratería. Un ave colorida y parlante bien valía una buena cantidad y como los piratas robaban cosas de valor, bien pudieron haber tomado algunas aves. A la tripulación con seguridad le agradaba tener a estas aves inteligentes para entretenerse un poco en los viajes largos.

P ¿Había piratas con patas de palo, como Long John Silver en el libro La Isla del Tesoro?

R Sí, el corsario francés del siglo XVII François le Clerc era conocido como *Pied de bois* porque tenía una pata de palo. Perder una extremidad debe haber sido un riesgo aceptado, porque una de las reglas de Bartolomé Roberts era que si un hombre perdía una extremidad o quedaba lisiado "recibirá 800 dólares del erario público".

P ¿El pasador era un arma o una herramienta?

R Un pasador era una herramienta vital para desenredar cabos. Pero para una tripulación amotinada, era un arma en potencia. Esto era porque para mantener el control de su barco, un capitán guardaba bajo llave todas las armas hasta antes de un ataque. Por eso, un pasador era el único objeto que la tripulación tenía a la mano.

P ¿Tenía posibilidades de sobrevivir un pirata abandonado?

R El abandono era un castigo terrible porque significaba una muerte lenta. A los piratas generalmente se les abandonaba en islas donde tenían pocas probabilidades de sobrevivir, un farallón, un banco de arena o un lugar árido. Incluso si un barco veía a un hombre, conociendo el castigo pirata, era poco probable que lo recogieran. La pistola de un hombre abandonado era usada más a menudo para terminar con su propia miseria.

P ¿Los piratas se robaban entre sí?

R Es casi seguro que lo intentaban, pero había reglas estrictas para evitarlo. Un código pirata establece que a cualquier pirata atrapado robando a un compañero se le cortaban las orejas y la nariz, y luego era puesto en tierra donde era seguro que pasaría penurias.

Nota periodística
de piratería moderna

Récords

PIRATA MÁS CRUEL
Muchos contienden por este título, entre ellos el bucanero francés Francis L'Ollonais y el pirata inglés Edward Low.

PIRATA MÁS EXITOSO
El galés Bartholomew Roberts capturó alrededor de 400 barcos en toda su vida.

PIRATA MÁS INEPTO
El pirata Edward England fue abandonado por su tripulación por mostrar misericordia con sus prisioneros.

BOTÍN PIRATA MÁS VALIOSO
Quizá fue la captura de Henry Avery del *Gang-i-Sawai* con un botín de $500,000. El botín para cada hombre fue de $3,000, cuyo equivalente hoy sería de millones.

PIRATA MÁS TEMIBLE
Edward Teach, conocido como Barbanegra, aterraba a todos, incluso a su propia tripulación, aunque no se sabe que hubiera matado a alguien hasta la batalla en la que murió. En sólo dos años adquirió su temible reputación.

Edward England

¿Quién es quién?

Es IMPOSIBLE nombrar aquí a todos los piratas, corsarios y bucaneros que una vez surcaron los océanos del mundo, pero presentamos los perfiles de algunos de los más notables personajes de este libro que vivieron la época de oro de la piratería, entre los siglos XVI y XIX.

HENRY AVERY
1665-c 1728
Pirata inglés legendario por su brutal captura del cargamento del barco árabe *Gang-i-Sawai* en el Mar Rojo en 1696. Nunca lo atraparon, pero murió en la pobreza sin dejar siquiera para comprar su ataúd.

HERMANOS BARBARROJA
ACTIVOS DE 1500 A1546
Los corsarios berberiscos Kheir-ed-din y Aruj Barbarroja eran temidos por sus ataques a poblados y embarcaciones cristianos en el Mediterráneo. Aruj murió en una batalla, pero Kheir-ed-din continuó para establecer a los Estados Berberiscos como una potencia del Mediterráneo.

JEAN BART
1651-1702
Líder francés de una banda de corsarios que operaban en el Canal de la Mancha y el Mar del Norte. En 1694, Bart fue honrado por el rey Luis XIV de Francia por sus logros.

ANNE BONNY
ACTIVA EN 1720
La estadounidense Anne Bonny se inició en la piratería cuando se fugó con el capitán pirata Jack Rackham. Disfrazada de hombre, lo ayudó a saquear barcos en el Caribe, pero fueron capturados y Rackham fue ahorcado. Bonny escapó a la pena de muerte por estar embarazada.

CHING SHIH
1807-1810
Madame Ching Shih era la viuda de un capitán pirata chino, pero resultó ser una mejor líder pirata que su esposo. Con 1,800 juncos armados y cerca de 80,000 hombres, controló por completo el comercio costero alrededor de China.

Anne Bonny

CHUI APOO
MURIÓ EN 1851
Chui Apoo guió una fuerza pirata de unas 600 naves frente a la costa de Hong Kong. En 1849 fue acorralado por la Armada Británica y su flota fue destruida. Apoo escapó, pero fue traicionado por sus seguidores y capturado.

Chui Apoo

HOWELL DAVIS
ACTIVO EN 1719
Pirata galés que operaba frente a las costas de Guinea en África. Es famoso por su captura de dos barcos franceses; obligó a la tripulación del primero a actuar como piratas e izar la bandera pirata. El segundo barco, creyendo que estaba rodeado por piratas, se rindió de inmediato.

CHARLOTTE DE BERRY
NACIÓ EN 1636
Se disfrazó de hombre para unirse a la Armada Inglesa con su esposo. Más tarde fue obligada a embarcarse rumbo a África y cuando el capitán descubrió su secreto, la atacó. De Berry se vengó organizando un motín y convirtiendo el barco en pirata. Operaba frente a las costas de África saqueando barcos que transportaban oro.

SIR FRANCIS DRAKE
c 1540-1596
Fue un corsario y pirata británico cuyo éxito en el saqueo de barcos españoles en el Nuevo Mundo lo enriqueció al igual que a la reina Isabel I de Inglaterra. Fue el primer inglés en circunnavegar el mundo y fue ordenado caballero en 1581. También fue héroe naval popular después de derrotar a la Armada Española en 1588. Murió debido a una fiebre en Panamá, América Central.

RÉNÉ DUGUAY-TROUIN
1673-1736
Fue hijo de una familia de navegantes de Saint Malo y se unió a la Armada Francesa a los 16. A los 21, comandaba un barco de 40 cañones. Fue el más famoso de los corsarios franceses y tuvo tanto éxito que llegó a ser Almirante de la Armada Francesa.

Réné Duguay-Trouin

EDWARD ENGLAND
ACTIVO DE 1718 A 1720
Fue un pirata inglés que navegó por algún tiempo con Bartolomé Roberts. Tuvo cierto éxito hasta que su tripulación lo abandonó con otros dos hombres en la isla de Mauricio por mostrar piedad ante un prisionero. Se dice que construyeron un bote y escaparon a Madagascar.

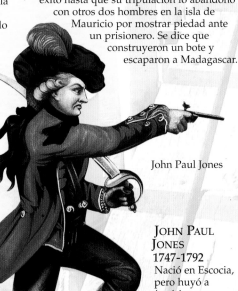

John Paul Jones

JOHN PAUL JONES
1747-1792
Nació en Escocia, pero huyó a América para escapar de un cargo de homicidio. Se unió a la Armada Continental durante la guerra de la Independencia de EE. UU. (1755-1783) para luchar contra los ingleses y se hizo famoso por sus osadas capturas de barcos.

WILLIAM KIDD
c 1645-1701
Hombre de negocios estadounidense enviado al océano Índico a cazar piratas, pero su tripulación amotinada lo obligó a saquear los barcos. La mala fortuna siguió a Kidd y al regresar a América, fue arrestado y enviado a Inglaterra para enfrentar un juicio por piratería. Fue hallado culpable y colgado. Su cuerpo fue exhibido para advertir a los marineros el alto precio que pagaban los piratas por sus crímenes.

JEAN LAFITTE
c 1780-ca. 1826
Organizó operaciones de corso y de contrabando en el Golfo de México desde una base en la isla de Galveston, Texas. Aunque Lafitte era un proscrito por traficar con esclavos y atacar embarcaciones sin las patentes de corso correspondientes, obtuvo el perdón por su valiente defensa de Nueva Orleáns contra los británicos en 1812.

Edward Teach, también conocido como Barbanegra

William Kidd

FRANCIS L'OLLONAIS
ACTIVO c LA DÉCADA DE 1660
Fue un bucanero francés notable por su crueldad. Se dice que mutiló con su alfanje a un pobre prisionero español, le sacó el corazón y lo mordisqueó, y después amenazó a los demás prisioneros con que ése sería su destino si no hablaban.

EDWARD LOW
ACTIVO EN LA DÉCADA DE 1720
Pirata inglés famoso por su crueldad tanto para con los prisioneros como para con su tripulación. Su violencia incitó un motín y fue abandonado en un bote de remos sin provisiones. De forma increíble, Low fue rescatado por otro barco al día siguiente.

SIR HENRY MORGAN
c 1635-1688
Bucanero y corsario galés que operaba frente a Port Royal en Jamaica. Fue un gran líder legendario por sus incursiones brillantes y brutales en las colonias españolas, por lo que fue ordenado caballero.

JACK RACKHAM
ACTIVO DE 1718 A 1720
Capitán pirata inglés también conocido como "Calico Jack" porque le gustaba vestir coloridas ropas de algodón. Operaba en el Caribe, pero quizá es mejor conocido como esposo de la pirata Anne Bonny. Fue colgado por piratería en Port Royal, Jamaica.

MARY READ
1690-1720
Se vistió de hombre desde que nació para reclamar una herencia y sirvió tanto en el ejército como en la armada. Se unió a la tripulación del pirata Jack Rackham, donde conoció a su colega pirata Anne Bonny. Se dice que las dos mujeres peleaban con más valentía que cualquier hombre. Al igual que Bonny, escapó de la horca por estar embarazada, pero murió enferma poco después.

BARTHOLOMEW ROBERTS
1682-1722
El elegante galés fue iniciado en la piratería cuando su barco fue capturado por piratas, y continuó hasta convertirse en uno de los piratas más exitosos. Operaba en el Caribe y frente a las costas de Guinea. Fue muerto en una batalla contra un buque de guerra inglés.

BARTHOLOMEW SHARP
c 1650-1690
De 1680 a 1682 el bucanero inglés realizó una expedición increíble a lo largo de la costa oeste de América del Sur y rodeó Cabo de Hornos hacia las Indias Occidentales saqueando las colonias españolas. Fue exonerado de los cargos de piratería a cambio de un libro de cartas de navegación que había robado a los españoles.

ROBERT SURCOUF
1773-1827
Desde su base en la isla Mauricio en el océano Índico, el corsario francés fue una plaga para los barcos mercantes ingleses que transportaban mercancías a la India.

EDWARD TEACH (BARBANEGRA)
ACTIVO DE 1716 A 1718
Mejor conocido como Barbanegra, operaba en el Caribe aterrando a todos, incluso a su tripulación, con su aspecto salvaje y sus violentos modales. Finalmente, la Armada Británica le dio caza y lo mató, pero peleó con furia hasta el final.

Bartholomew Roberts y dos de sus barcos

Descubre más

La piratería es un tema popular y dondequiera que haya habido piratas encontrarás información sobre ellos en los museos locales. La información más emocionante y reciente de este tema proviene de las obras de salvamento de los pecios de dos barcos piratas, el *Whydah* y el *Queen Anne's Revenge*. Abajo se da información sobre los naufragios, pero los detalles actualizados los puedes encontrar en los sitios web de los proyectos. Sin embargo, los libros son la mejor manera de aprender más sobre piratas. Los mejores son las obras originales escritas por gente que vivió con piratas y también las investigaciones modernas.

Isla de Santa María

Un viejo mapa de Madagascar

EL NAUFRAGIO DEL *ADVENTURE GALLEY*
En 1698, en la isla de Santa María de Madagascar, William Kidd oyó la noticia de que era buscado por piratería. Prendió fuego a su barco el *Adventure Galley* y huyó. Durante años, el pecio del barco podía verse en el agua. Hoy, un equipo trata de encontrar los restos del *Adventure Galley* y el progreso del proyecto puede consultarse en Internet.

EL TESORO DEL *WHYDAH*
El buzo Barry Clifford se ve aquí con parte del tesoro del barco pirata *Whydah*. En 1717, el *Whydah* naufragó en una tormenta frente a Nueva Inglaterra, cobrando la vida de su capitán y 143 hombres. Uno de los dos sobrevivientes relató que el barco llevaba 180 bolsas de oro y plata robadas a 50 barcos. Clifford lo encontró en 1984, después de 15 años.

CENTRO DE APRENDIZAJE Y LABORATORIO, EXPEDICIÓN *WHYDAH*
Se han encontrado más de 100,000 artefactos del *Whydah* y muchos se exhiben en el Centro de la Expedición WHYDAH en Provincetown, Massachusetts (ar.). Los exhibidores del museo también cuentan la historia del descubrimiento del pecio. El *Whydah* aún esta en salvamento y, en el verano, los visitantes pueden ver cómo sacan tesoros nuevos del pecio y observar la conservación de los artefactos.

Lugares para visitar

MUSEO MARÍTIMO DE CAROLINA DEL NORTE, Beaufort, Carolina del Norte
Ve artefactos del buque de Barbanegra, *Queen Anne's Revenge*, y colección de botes de madera.

MUSEO PIRATA DE NUEVA INGLATERRA, Salem, Massachusetts
Museo interactivo que ofrece visitas a sitios piratas, entre ellos un puerto colonial, un barco pirata y una cueva de 80 pies de profundidad.

PIRATAS DEL MUSEO DE NASSAU, Nassau, Bahamas
Museo diseñado para aclarar mitos piratas por medio de visitas a puntos piratas cercanos.

CENTRO DE LA EXPEDICIÓN *WHYDAH*, Provincetown, Massachusetts.
Ve artefactos del pecio del *Whydah* y observa cómo se conservan los objetos nuevos.

NAUFRAGIO DEL *QUEEN ANNE'S REVENGE*
En 1717, Barbanegra adquirió un barco mercante francés, *La Concorde*. Lo bautizó *Queen Anne's Revenge* y regresó a Carolina del Norte con el pirata Stede Bonnet en el *Adventure*. Se dice que Barbanegra encalló el *Revenge*, engañó a Bonnet y escapó en el *Adventure* con el tesoro. En 1996, se encontró un pecio en la caleta de Beaufort, Carolina del Norte. Los objetos encontrados hasta ahora incluyen cañones, anclas y secciones del casco. Las pruebas indican que es el *Queen Anne's Revenge*. Para confirmarlo, los buzos esperan encontrar la campana del barco, inscrita con los detalles de la nave.

El ancla incrustada de bálanos mide 14 pies (4 m) de largo

Cuadrícu[la] para trazar el si[tio] (líneas amarilla[s])

MISTERIOS PIRATAS SIN RESOLVER

Se dice que una vez le preguntaron a Barbanegra si alguien más sabía dónde estaba su tesoro y que él respondió: "Sólo dos personas saben dónde está el tesoro, el Diablo y yo; y el que viva más puede quedarse con todo." Los piratas rara vez enterraban un tesoro y los pocos que lo hicieron no dejaron información sobre cómo encontrarlo. Pero esto no ha impedido que la gente siga buscando. Aún hay tesoros famosos no encontrados y muchos misterios tentadores. Agitados por dichas historias, algunos han dedicado años a la búsqueda de pistas sobre piratas y lo que haya pasado con su tesoro.

Kidd observa a sus hombres enterrar su tesoro en la isla de Gardiner

EL TESORO DE LA ISLA DE COCOS

La isla de Cocos, frente a Costa Rica, era el lugar perfecto para esconder tesoros porque era difícil de encontrar. No sólo era una isla oculta por la lluvia nueve meses al año, sino que su localización no era precisa en los mapas y los fuertes vientos y corrientes alejaban de la isla a los marineros. Se dice que hay tres tesoros ahí: uno del siglo XVII, el botín del pirata Benito Bonito y un tesoro fantástico conocido como el Tesoro de Lima. Pero ninguno ha sido encontrado todavía. Incluso el aventurero alemán August Gissler, quien pasó 17 años en la isla, partió con sólo un doblón.

¿QUÉ LE PASÓ A JEAN LAFITTE?

En 1821, las autoridades decidieron suprimir las operaciones altamente redituables en la isla de Galveston, Texas, del corsario y contrabandista Jean Lafitte. Lafitte sabía que era el fin y acordó desmantelar su organización. Oficiales navales observaron a Lafitte incendiar su cuartel y al día siguiente, su barco se había ido. Lafitte no volvió a ser visto. ¿Fue asesinado, como sugieren algunas historias, o vivió bajo un alias? ¿Qué pasó con la fortuna que se sabe que había amasado? Sus amigos aseguraban que tenía la manía de enterrar tesoros. Aunque ha habido muchas historias, y aún más cazadores de tesoros, no se ha encontrado nada.

TESORO ENTERRADO

William Kidd es uno de los pocos piratas que se sabe tenía un tesoro enterrado. En 1699, Kidd llegó a una isla frente a Nueva York y preguntó a Lord Gardiner que vivía ahí si podía confiarle algunas cosas. Gardiner aceptó, pero poco después de que Kidd fue arrestado, las autoridades recuperaron su tesoro. Incluía oro, plata, piedras preciosas, joyas, azúcar y sedas. Muchos creen que ése no era el botín completo de su saqueo en el océano Índico, pero nadie ha descubierto qué pasó con el resto.

ISLAS DE SHOALS

Tras la muerte de Barbanegra, todo lo que se recuperó fue algodón, índigo, azúcar y cacao. ¿Y su tesoro? Una historia dice que la plata y reales de a ocho fueron enterrados en Smuttynose, una de las Islas de Shoals, Nuevo Hampshire, donde Barbanegra pasó sus últimos meses. En 1820 un hombre que estaba levantando un muro en la isla encontró cuatro lingotes de plata. ¿Eran de Barbanegra? ¿Quizá haya más en la isla?

SITIOS ÚTILES EN LA WEB

- Sitio oficial del *QUEEN ANNE'S REVENGE:*
  www.ah.dcr.state.nc.us/qar
- Expedición *WHYDAH:*
  www.whydah.com
- Aventura en alta mar, juegos y datos sobre piratas:
  www.nationalgeographic.com/pirates
- Instrucciones para crear tus propias herramientas y tesoros piratas:
  www.piratemuseum.com/pirate.htm
- ¡Piratas! Leyendas y hechos piratas:
  www.piratesinfo.com/

Glosario

ABANDONO Dejar a alguien a su suerte en una isla remota, castigo pirata común.

ALFANJE Espada corta con hoja ancha usada primero por los bucaneros. Arma popular para las batallas en alta mar porque no se atoraba en los aparejos.

APAREJOS Cabos que soportan las velas y mástiles del barco, dispuestos de manera especial.

ARPEO Gancho de metal que se lanzaba sobre el barco enemigo para acercarlo y facilitar el abordaje.

BALANDRA Barco de vela pequeño y ligero de un solo mástil.

Bucanero

BARCA Término para barco de velas grande con varios mástiles aparejados con velas cangrejas o de cuchilla (no cuadradas).

BAUPRÉS Palo largo que se proyecta en el frente del barco.

BUCANERO Pirata o corsario que atacaba los barcos españoles y los

Gato de nueve colas

puertos prósperos en las Indias Occidentales (Antillas) y América Central en el siglo XVII.

BUQUE DE GUERRA Enorme barco de guerra de la armada.

CALAFATEAR Reparar las grietas entre los tablones de un barco rellenándolas con estopa y posteriormente sellándolas con brea.

CARENAR Encallar un barco y volcarlo sobre un costado para limpiar y reparar el casco.

CARTA DE NAVEGACIÓN Mapa de tierra y de mar usado en la navegación.

CASTILLO DE PROA Cubierta elevada en el frente del barco. La cubierta elevada en la parte posterior es el castillo de popa.

COFA DE VIGÍA Plataforma en lo alto de un mástil que se utilizaba como posición de vigilancia.

COLORES Otro término que se empleaba para referirse a la bandera que izaba otro barco.

CON VELAS DE CRUZ Término que se usaba para referirse a un barco con velas cuadradas dispuestas en ángulo recto con el mástil.

Pistola de llave de chispa

COSTA DE BERBERÍA Costa de África del Norte en el Mediterráneo desde donde los corsarios islámicos (o berberiscos) saqueaban los barcos mercantes europeos.

CUENCA DEL CARIBE Nombre de la zona de América Central y del Sur una vez gobernada por los españoles. El término incluía también las islas y aguas del Caribe.

DOBLÓN Moneda española de oro que valía dieciséis reales de a ocho.

DRAGÓN VIKINGO Término con el que se conocían los botes largos de madera típicos de los vikingos. Los remos y las velas conformaban el sistema de propulsión.

DRIZA Término náutico para un cabo usado para izar una vela o bandera.

EAST INDIAMAN Barco inglés u holandés usado para transportar valiosos cargamentos de porcelana, té, sedas y especias para comercializar en Asia.

EMPALMAR Tejer dos extremos de cabo para unirlos.

EN CALMA Cuando un barco de velas no puede moverse porque no hay viento.

ESCORBUTO Enfermedad cuyos síntomas son hemorragia de las encías y manchas, causadas por deficiencia de vitamina C, que se encuentra en frutas y verduras frescas.

Castillo de popa

Castillo de proa elevado

Cofa de vigía

Bauprés

Proa

Casco

Galeón

Puntas para clavarse en la madera de un barco enemigo

Arpeo

CORSARIO Término que describía a los piratas que operaban en el Mediterráneo con patentes de corso. El término también se usaba para referirse a sus barcos.

Bandera pirata

ESPAÑOLA, LA Nombre de la isla que hoy comprende Haití y República Dominicana.

FLECHASTES Cabos cruzados en los obenques (cuerdas que corren de un lado del barco al mástil), los cuales forman una escalera de cabos que permiten a los marineros trepar a lo alto del mástil.

GALEÓN Barco de vela enorme con tres o más mástiles usado en los siglos XVI a XVIII, tanto como barco de guerra como para transportar tesoros españoles.

GALERA Barco grande impulsado por remos casi siempre operados por esclavos. También define la cocina de un barco.

GATO DE NUEVE COLAS Látigo usado para castigar a los marineros, hecho de cabos desenredados hasta completar nueve

Aparejos

Bauprés largo

Popa

Queche

LATITUD Posición al norte o al sur del ecuador. Se medía a través de un sistema de líneas trazadas en un mapa y paralelas al ecuador.

LIBRO DE BITÁCORA Libro en el que se registran los detalles del viaje de un barco.

LONGITUD Posición al este o al oeste en el mundo medida según un sistema de líneas trazadas en un mapa de norte a sur.

MALOVÍN Término usado para describir a persona (o barco) de Saint Malo, en Francia.

MITAD DEL TRAYECTO Etapa media del viaje de un barco de África al Caribe, con un cargamento de esclavos para intercambiarlo por bienes.

MOTÍN Rechazo a obedecer las órdenes de un oficial, o dirigir una revuelta a bordo.

NUEVO MUNDO En los siglos XVI y XVII, el término se usaba para describir los continentes de América del Norte y del Sur; se llamó "nuevo" porque fue descubierto por los europeos después de 1492.

PICOTA Marco de madera para exhibir los cadáveres de los criminales como aviso.

PIRATA Término general que se refería a cualquier persona que robara en alta mar; incluía a bucaneros y corsarios.

PISTOLA DE LLAVE DE CHISPA Uno de los primeros tipos de pistola. Al jalar el gatillo, un pedernal golpea una pieza de metal y produce una chispa que enciende la pólvora.

PONTÓN Barco usado como cárcel flotante.

POPA Parte posterior de un barco.

PROA Frente puntiagudo de un barco.

QUECHE Bote pequeño con dos mástiles.

QUILLA Parte inferior o parte plana inferior de un barco o bote.

REALES DE A OCHO Pesos de plata (monedas españolas) que valían ocho reales (una moneda española anterior).

Reales de a ocho de plata

TACHUELA Galletas duras a bordo de un barco que constituían gran parte de la dieta de los marineros.

TIRO EN CADENA Arma hecha con dos bolas de metal encadenadas. Se usaba para destruir los aparejos, los mástiles y las velas.

VERGA Término náutico para designar el palo al cual se amarra la parte superior de la vela. También es conocido como penol.

Mapa de 1681 que muestra la línea costera alrededor de Panamá

extremos separados. Los nudos hacían el castigo más doloroso.

GOLETA Barco de vela pequeño y veloz con dos o tres mástiles. El palo de trinquete es más corto que el mástil mayor.

HORCA Estructura de madera usada para colgar criminales.

JENÍZARO Soldado musulmán profesional. Los corsarios berberiscos aprovechaban los jenízaros para atacar las naves cristianas.

JOLLY ROGER Término común en inglés para designar la bandera pirata.

JUNCO Barco de madera, de vela, usado en el Lejano Oriente y China.

PAIRAR Detener el barco.

PANDILLA DE OPRESIÓN Grupo de gente que buscaba hombres aptos y los obligaba a unirse a la tripulación del barco.

PASADOR Herramienta puntiaguda usada para desenredar cabos.

PATENTE DE CORSO Licencia o certificado expedido por un monarca o gobierno autorizando al portador a atacar los barcos enemigos.

Libro de cartas de navegación

Índice

Reconocimientos

Dorling Kindersley agradece a:
El equipo del Museo Marítimo Nacional, Londres, en particular a David Spence, Christopher Gray y Peter Robinson; el equipo del Museo de Londres, en particular a Gavin Morgan y Cheryl Thorogood; el equipo del Musée de Saint-Malo; Judith Fox de Wilberforce House, Hull City Museums y Art Galleries; Caroline Townend del Museo de la Orden de San Juan, Londres; Elizabeth Sandford of Claydon House, Buckinghamshire; David Pawsey, Mayor Beckwith, Councillor Palmer y Town Clerk Scammell de Rye Town Hall; Bandera original de Almirante Loft Ltd, Chatham; Consejero de los trajes Martine Cooper; Consejero francés Dan Lallier; Consejero del periodo clásico Dr. Philip de Souza; Brigadier G H Cree por permitirnos reproducir las ilustraciones de The Journal of Edward Cree; David Pickering, Helena Spiteri y Phil Wilkinson por su ayuda editorial; Sophy D'Angelo, Ivan Finnegan,

Andrew Nash, Kati Poynor, Aude Van Ryn, Sharon Spencer, Susan St Louis y Vicky Wharton por su ayuda en el diseño.
Fotografías adicionales por Peter Anderson (12ar.i., ar.d., c.i.; 13ar.d., ab.), Michele Byam (49c.i.), John Chase (28c.i. c.d.; 31ab.d.; 32c.i.; 33ab.c.; 36ab.i.; 37ar.i., c.i., ab.i.; 43ab.d., c., c.d., ab.i., ab.d; 45ar.i., ar.d., c., ab.d.; 48ab.i.; 62ab.i.; 63ar.d.), Stephen Dodd (8ab.d.; 9c.d.; 10c.i.; 11ar.i., c.d., ab.d.), Charles Howson (9ar.d.; 22c.i.; 36ar.d.), Colin Keates (46ab.i.; 52c.d.), Dave King (61ar.d.), Nick Nicholls (8c.; 9ab.; 10ab.d.; 11c.i.), Richard Platt (34ar.i.), Peter Robinson (16c.i.; 17; 20-21c.), James Stephenson (62-63c.), Michel Zabé (21ar.c.)
Créditos fotográficos:
ar. = arriba; ab. = abajo; c. = centro; i. = izquierda; d. = derecha
Ancient Art and Architecture Collection: 7ar.d.ab., 9ar.i., 16ar.i.
Archivos Ronald Grant : 6ar.i.ab., 62ab.i., 63c., 63ar.i., 63ab.d., 63c.d. Biblioteca del

Congreso: 26c., 42ab.d. Bridgeman Art Library, Londres: 18c.d.; / Museo Británico 18c.i.; / Christies, Londres 53ar.d.ab.; / National Portrait Gallery 18c.i., 18c.d.; / Museo Marítimo Nacional 38c.; Londres / Nueva York: Colección privada 7ab., 46; Museo de Victoria y Albert, Londres 6ar. © Museo Británico: 7ar., 9ar., 10ab., 10ar., 12. The Master and Fellows of Corpus Christi College, Cambridge: 12c.ab. Corbis: 68c.d. Art Archive: 21c.d., 21ab.d., 22ab.d., 29ar.i., 39ab.i. Mary Evans Picture Library: 6ab., 7ar.d., 8ab.i., 9ab., 12c., 13ab.d.ar., 15ar.i.ab., 18ar.d, 20ar.d., 22, 26ar.d., 27ar., 28, 33ab., 35ar.i.ab., 35c., 36c., 37ar.d., 39ab.d., 39ar.i., 43c.ab., 47c.d., 51ar.c., 54ar.d., 54ar.d.ab., 56c.i., 60ab.i. Kevin Fleming Photography: 9ar.i. John Frost Historical Newspapers: 65ab.i. Sonia Halliday Photographs: 9ar.d. Robert Harding Picture Library: 19ab. Mansell Collection: 40ar.d.ab., 40ab.i. Michael Holford: portada ar.i., 44ar.i. Musée de la Marine, París: 19ar.d.ab., 51ab., d.ab. Museo de Arte de Delaware: 49ar.i. Museo de Londres: 27c., 35ar., 40, 56c.d.ar., 57ab.i. Museo Marítimo Nacional: 6ar.i., 14ab.i.; 14c.d., 16, 16c., 18ab., 18ar., 19ar., 22ab.i., 23,

23ar.i., 24c.i., 25ab.d., 25ar., 29, 29ar.i., 29ar.d., 29c.i., 30, 31ar.d., 32ar.i., 32ab.i., 32c.i., 33ab.d., 33d.c., 33c.ab., 33ar., 42ab., 44ab.i.ar., 44ar., 45ar.c., 45ab.c., 47, 51ar.d., 54ar.d., 54ar.d.ab., 58ar.d.ab., 59c., 58ab.d. The National Portrait Gallery, Londres: 60ar.i. Peter Newark's Historical Pictures: 15 ab.d., 22c.i., 53ab.d. Richard Platt: 34ar.i. Public Record Office: Crown copyright material 31ar. Range / Bettman 22ar.d., 53c.d., 52ab.d. Reproducido con el permiso de los Apoderados del Museo de Ulster: 29c.ar. Rye Town Hall: 34. Treasure World: 38. Cortesía de los Apoderados del Museo de Victoria y Albert Museum / J Stevenson: 63i. Whydah Management Company: 41c., 42c.i. World's Edge Picture Library: 22ar.i., 49c.i. Zentralbibliothek Zurich: 13ar.i.
Créditos de la portada:
Portada: Richard T Nowitz/Corbis, ab; Museo Marítimo Nacional, Londres, ar.c.i., ar.c.; Museo de Londres, ar.c.d.; Archivos Ronald Grant, d.
Contraportada: Mary Evans Picture Library: ab.d., ar.d.
Mapas: Eugene Fleury (10c.d., 14ar.d., 20c.i., 38c.i.d., 46c.i., 54c.d.).